授業をグーンと楽しくする英語教材シリーズ 29

Can Doで英語力がめきめきアップ！

中学生のためのすらすら英文法

瀧沢広人 著

明治図書

I,my,me,mine

is,am,are

It's simple!

difficult → easy

go-went
see-saw

There is ～.
There are ～.

はじめに

　私が授業で心がけていることは，「**シンプルさ**」である。
　難しいことを**簡単に教える**。
　それが教師の仕事だと思っている。
　例えば，難しい文法がある。
　それをそのまま難しく教えていては駄目である。
　難しいものを簡単にして教えなくてはいけない。
　では，どうしたら簡単になるか。
　それは**必要最低限のことだけを教えればよいのである**。
　それもごちゃごちゃ教えるのではなく，大事なことが1枚のプリントに入っていることが望ましい。過去形では何を教えればよいのか。現在完了の経験用法では何を押さえればよいのか。代名詞は何をどこまで教えればよいのか。また，それらの文法事項が理解できているかどうかを試すには，どのような問題を与えればよいのかなど，文法で最低限教えなければいけないこと，身につけさせなければいけないことは何かを教師がシンプルに理解しておくことが必要である。
　本書の特徴の1つは，「**文法指導で教えなくてはいけないことを，1枚のワークシートにまとめたこと**」である。
　福島県の畑中豊先生は，英語教育達人セミナーで「理解は一発で。定着は繰り返しの中で」という名言を語った。ずばり，的を射たショートフレーズである。
　理解させる時は，ごちゃごちゃ説明を繰り返してはだめなのである。
　2つ目の工夫（特徴）は，「**プリントの最初の部分（= Can Do）**」である。
　この部分が**文法の原理原則**になっている。ここを押さえたい。
　今までの問題集では，この部分の解説はあったが，ここを生徒に問うことはさせてこなかった。文法の理解として，生徒にここの部分を言わせたい。そこを**問題化**してみたのである。**言えれば理解できている**ことになる。
　構成としては，Can Doで，覚えなくてはいけない最低限のことを確認し，その後，問題にあたるという2段階になっている。
　本書のワークシートは，その日の文法学習でも使えるし，復習用としても使える。
　生徒から「現在進行形がわからないんだけど…」と言われた時には，さっと渡せばよい。
　短い時間で文法事項を振り返れるワークシートとなっている。
　真ん中の線で2つに折れば，ペアになって問題を出し合うこともできる。
　使い方は自由自在。ご活用いただければと思う。

2014年5月　　　　　　　　　　　　　　　　　　　　　　　　　　　　　　瀧沢広人

Contents

目次

はじめに ... 2

Chapter 1 中学1年で身につけたい「すらすら英文法」

1. 一般動詞を使った すらすら英文法 ... 6
   - 一般動詞① 肯定文 ... 7
   - 一般動詞② 否定文 ... 8
   - 一般動詞③ 疑問文 ... 9

2. be動詞を使った すらすら英文法 ... 10
   - be動詞① 肯定文 ... 11
   - be動詞② 否定文 ... 12
   - be動詞③ 疑問文 ... 13

3. 3人称単数現在形を使った すらすら英文法 ... 14
   - 3人称単数現在① 肯定文 ... 15
   - 3人称単数現在② 否定文 ... 16
   - 3人称単数現在③ 疑問文 ... 17

4. 人称代名詞を使った すらすら英文法 ... 18
   - 人称代名詞① 主格 ... 19
   - 人称代名詞② 所有格 ... 20
   - 人称代名詞③ 目的格 ... 21
   - 人称代名詞④ 所有代名詞 ... 22
   - 人称代名詞⑤ 答え方 ... 23

5. 命令文を使った すらすら英文法 ... 24
   - 命令文① 肯定文 ... 25
   - 命令文② 否定の命令文 ... 26
   - 命令文③ 誘う命令文 ... 27

6. 助動詞のcanを使った すらすら英文法 ... 28
   - 助動詞can① 肯定文 ... 29
   - 助動詞can② 否定文 ... 30
   - 助動詞can③ 疑問文 ... 31

7. 現在進行形を使った すらすら英文法 ... 32
   - 現在進行形① 肯定文 ... 33
   - 現在進行形② 否定文 ... 34
   - 現在進行形③ 疑問文 ... 35

8. 疑問詞を使った すらすら英文法 ... 36
   - 疑問詞① What ... 37
   - 疑問詞② When ... 38
   - 疑問詞③ Where ... 39
   - 疑問詞④ How ... 40
   - 疑問詞⑤ Who ... 41
   - 疑問詞⑥ Whose ... 42
   - 疑問詞⑦ まとめ ... 43

9. 過去形（規則動詞）を使った すらすら英文法 ... 44
   - 過去形① 肯定文 ... 45
   - 過去形② 否定文 ... 46
   - 過去形③ 疑問文 ... 47

10. 過去形（不規則動詞）を使った すらすら英文法 ... 48
    - 不規則動詞の過去形① 肯定文 ... 49
    - 不規則動詞の過去形② 否定文 ... 50
    - 不規則動詞の過去形③ 疑問文 ... 51

Chapter 2 中学2年で身につけたい「すらすら英文法」

1. be 動詞の過去を使った すらすら英文法 52
   - be 動詞の過去①　肯定文 53
   - be 動詞の過去②　否定文 54
   - be 動詞の過去③　疑問文 55

2. 過去進行形を使った すらすら英文法 56
   - 過去進行形①　肯定文 57
   - 過去進行形②　否定文 58
   - 過去進行形③　疑問文 59

3. 未来形を使った すらすら英文法 60
   - 未来形①　肯定文 61
   - 未来形②　否定文 62
   - 未来形③　疑問文 63
   - 未来形④　be going to 64
   - 未来形⑤　be going to の疑問文・否定文 65

4. be 動詞の命令文を使った すらすら英文法 66
   - be 動詞の命令文 67

5. 助動詞を使った すらすら英文法 68
   - 助動詞①　may 69
   - 助動詞②　Will you ~ ? 70
   - 助動詞③　Shall I ~ ? 71
   - 助動詞④　must 72
   - 助動詞⑤　should 73

6. There is / are を使った すらすら英文法 74
   - There is / are ①　肯定文 75
   - There is / are ②　否定文 76
   - There is / are ③　疑問文 77

7. 不定詞を使った すらすら英文法 78
   - 不定詞①　名詞的用法 79
   - 不定詞②　副詞的用法 80
   - 不定詞③　形容詞的用法 81

8. 動名詞を使った すらすら英文法 82
   - 動名詞 83

9. 受け身を使った すらすら英文法 84
   - 受け身①　肯定文 85
   - 受け身②　否定文 86
   - 受け身③　疑問文 87

10. 比較級を使った すらすら英文法 88
    - 比較①　比較級 89
    - 比較②　最上級 90
    - 比較③　同格 91

11. 比較級（長い単語）を使った すらすら英文法 92
    - 比較①　長い単語の比較級 93
    - 比較②　長い単語の最上級 94
    - 比較③　形の変わるもの 95
    - 比較④　どっちが好き？ 96
    - 比較⑤　～が一番好き 97

Chapter 3 中学3年で身につけたい「すらすら英文法」

1 現在完了（継続用法）を使った
すらすら英文法 ……… 98
　　現在完了（継続）① 肯定文 ……… 99
　　現在完了（継続）② 否定文 ……… 100
　　現在完了（継続）③ 疑問文 ……… 101

2 現在完了（経験用法）を使った
すらすら英文法 ……… 102
　　現在完了（経験）① 肯定文 ……… 103
　　現在完了（経験）② 否定文 ……… 104
　　現在完了（経験）③ 疑問文 ……… 105

3 現在完了（完了用法）を使った
すらすら英文法 ……… 106
　　現在完了（完了）① 肯定文 ……… 107
　　現在完了（完了）② 否定文 ……… 108
　　現在完了（完了）③ 疑問文 ……… 109

4 構文を使った すらすら英文法 ……… 110
　　構文① It is ... for － to ~ ……… 111
　　構文② make A＋B ……… 112
　　構文③ call A＋B ……… 113
　　構文④ so ... that ~ ……… 114
　　構文⑤ too ... to ~ ……… 115

5 関係代名詞を使った
すらすら英文法 ……… 116
　　関係代名詞① 主格 ……… 117
　　関係代名詞② who / which ……… 118
　　関係代名詞③ 目的格（that） ……… 119
　　関係代名詞④ 目的格
　　　　　　　　（who / which） ……… 120
　　関係代名詞⑤ 所有格 ……… 121

6 分詞の後置修飾を使った
すらすら英文法 ……… 122
　　分詞の後置修飾① 現在分詞 ……… 123
　　分詞の後置修飾② 過去分詞 ……… 124
　　分詞の前置修飾 ……… 125

7 間接疑問文を使った
すらすら英文法 ……… 126
　　間接疑問文① be 動詞 ……… 127
　　間接疑問文② 一般動詞 ……… 128
　　間接疑問文③ 過去の文 ……… 129

8 付加疑問文を使った
すらすら英文法 ……… 130
　　付加疑問文① be 動詞 ……… 131
　　付加疑問文② 一般動詞 ……… 132
　　付加疑問文③ その他 ……… 133

おわりに ……… 134

Chapter 1 中学1年で身につけたい すらすら英文法

1 一般動詞を使った「すらすら英文法」

一般動詞でまず押さえたいことは,

> ❶ 主語＋動詞の「語順」

である。小学校で外国語活動をやってきている現在，like や play, have などの一般動詞には，生徒たちは慣れ親しみを感じているだろう。そこで中学生にとっての最大の Can Do は「語順」である。そういう意味では，この一般動詞の学習が「語順指導」の出発点となる。この段階で「誰が」「どうする」「何を」という主語＋動詞＋目的語の語順が日本語と違うということをしっかり教えておきたい。

次に，

> ❷ 疑問文の作り方
> ❸ 否定文の作り方
> ❹ 疑問文への答え方

などをしっかり教え，身につけさせていくことが教師の仕事となる。

一般動詞の CanDo!

❶ 英語の順番は,「誰が」「どうする」「何を」の順番であり，日本語とは違う

　　日本語　私は　　テニスを　　する

　　英語　　I　　play　　tennis.
　　　　　（誰が）（どうする）（何を）

❷ 疑問文は do を前に置き，クエスチョン・マーク（？）をつける

　　You like soccer.
　Do you like soccer**?**

　　{ Yes, I do.
　　 No, I don't.

❸ 否定文は，動詞の前に，don't を入れる

　　You　　　 like soccer.
　　You **don't like** soccer.

すらすら英文法

中学1年

一般動詞① 肯定文　　氏名

CanDo!

☐ 1　英語の語順は？

☐ 2　次の単語を並べ替えて文にしよう。

① 私はすしが好きです。
　(sushi / like / I / .)

② あなたは素敵な車を持っている。
　(have / you / a nice car / .)

☐ 3　一般動詞を5つ以上言いなさい。

1　誰が　どうする　何を

2

① I like sushi.

② You have a nice car.

3　like（好きである）　live（住んでいる）
　play（遊ぶ）　have（持っている）
　eat（食べる）　go（行く）
　look（見る）　drink（飲む）
　run（走る）　swim（泳ぐ）　など

Challenge!

1回目 [　　] 点　2回目 [　　] 点　3回目 [　　] 点

☐ 4　日本語に合うように，語を並べ替えなさい。（各2点）

① 私はリンゴが好きです。
　(like / apples / I / .)

② あなたはテニスをする。
　(tennis / you / play / .)

③ 私は犬を1匹，飼っている。
　(a dog / I / have / .)

④ 私は新しい自転車が欲しい。
　(I / a new bike / want / .)

⑤ あなたとタクは東京に住んでいる。
　(live / you and Taku / in Tokyo / .)

① I like apples.

② You play tennis.

③ I have a dog.

④ I want a new bike.

⑤ You and Taku live in Tokyo.

Self Check!!

☐ 英語は日本語と語順が違うことに気づきましたか。

☐ 英語は（誰が，どうする，何を）の語順となることがわかりましたか。

中学1年 すらすら英文法

一般動詞② 否定文　　　氏名

CanDo!

☐ **1**　一般動詞の否定文は，（①　　）の前に（②　　）を置く。

1　① 動詞
　　② don't（または do not）

> I　　　**play**　basketball.
> I **don't** **play** basketball.
> （私はバスケはしません）

Challenge!

1回目［　　］点　2回目［　　］点　3回目［　　］点

☐ **2**　次の文を否定文にしなさい。（各1点）

① I like grapes.
② You live in Hokkaido.
③ We play soccer.
④ Mami and I want bikes.
⑤ My cats run fast.

① I **don't** like grapes.
② You **don't** live in Hokkaido.
③ We **don't** play soccer.
④ Mami and I **don't** want bikes.
⑤ My cats **don't** run fast.

☐ **3**　日本語に合うように，語を並べ替えなさい。（各1点）

① 私はリンゴは好きではありません。
　(do / I / apples / not / like / .)
② あなたは大阪に住んでいません。
　(live / you / in Osaka / don't / .)
③ タクと私はサッカーをしません。
　(play/ Taku and I / soccer / don't / .)
④ ケンとマキはCDは欲しくない。
　(want / Ken and Maki/ don't / CDs / .)
⑤ 私の犬は魚を食べません。
　(do / my dogs / not / eat / fish / .)

① I **do not** like apples.
② You **don't** live in Osaka.
③ Taku and I **don't** play soccer.
④ Ken and Maki **don't** want CDs.
⑤ My dogs **do not** eat fish.

Self Check!!

☐ 一般動詞の否定文の作り方がわかりましたか。

中学1年 すらすら英文法

一般動詞③ 疑問文　　氏名

CanDo!

☐ 1　一般動詞の疑問文は，文の先頭に（①　　）を置き，最後は（②　　）をつける。

☐ 2　疑問文に答える時は（　　）で答える。

1　① do
　　② クエスチョン・マーク（？）

2　do または don't

> You like tempura.
> **Do** you like tempura?
> （あなたは天ぷらが好きですか？）
> { Yes, I do.
> { No, I don't.

Challenge!

1回目［　　　］点　2回目［　　　］点　3回目［　　　］点

☐ 3　次の文を疑問文にしなさい。（各1点）

① You have a dog.
② You study English.
③ You play the piano.
④ Lucy and Kenny eat natto.
⑤ Your sisters live in Australia.

① **Do** you have a dog?
② **Do** you study English?
③ **Do** you play the piano?
④ **Do** Lucy and Kenny eat natto?
⑤ **Do** your sisters live in Australia?

☐ 4　次の疑問文に，Yes, No の両方で答えなさい。（各1点）

① Do you like sports?
② Do you play basketball?
③ Do **you and Yuki** go to juku?
④ Do **Ken and Maki** sing karaoke?
⑤ Do **your brothers** live in Japan?

① Yes, **I** do. / No, I don't.
② Yes, **I** do. / No, I don't.
③ Yes, **we** do. / No, we don't.
④ Yes, **they** do. / No, they don't.
⑤ Yes, **they** do. / No, they don't.

Self Check!!

☐ 一般動詞の疑問文の作り方と答え方がわかりましたか。

Chapter 1 中学1年で身につけたい すらすら英文法

2 be 動詞を使った「すらすら英文法」

be 動詞で押さえたいことは，次の6つになる。
これが，be 動詞における Can Do である。

---
❶ 3つの be 動詞（is, am, are）が言える。
❷ 主語に合った be 動詞が選択できる。
❸ be 動詞には**3つの意味**（です，いる，ある）があることを知っている。
❹ be 動詞が入った**疑問文**が作れる。
❺ be 動詞が入った**否定文**が作れる。
❻ be 動詞が入った**疑問文への答え方**を知っている。

---

be 動詞は，「現在進行形」や「受け身」など，その後の文法学習でも必要となってくるので，いつでも基本を確認していけるようにプリントを活用していきたい。

be 動詞の CanDo!

❶ be 動詞は，3つある（is, am, are）
❷ 意味が3つある（です，いる，ある）
　I **am** a soccer fan.（私はサッカーのファン**です**）
　You **are** here.（君はここに**いる**）
　Your cap **is** on the table.（君の帽子がテーブルの上に**ある**）
❸ 疑問文は，be 動詞を前にもっていき，クエスチョン・マークをつける
　　Maki **is** a student.
　Is Maki　　a student?
　　{ Yes, **she** is.
　　{ No, **she** isn't.
❹ 否定文は，be 動詞の後ろに not を入れるだけ
　This **is**　　my book.（これは私の本です）
　This **is not** my book.（これは私の本ではありません）

すらすら英文法 中学1年

be動詞① 肯定文　　氏名

CanDo!

☐ 1　be動詞を3つ言いなさい。　　1　is　am　are

☐ 2　be動詞の3つの意味は？　　2　です　いる　ある

☐ 3　次の主語に合うbe動詞は？　　3

① I　（私は）　　① am
② You　（あなたは）　　② are
③ He　（彼は）　　③ is
④ She　（彼女は）　　④ is
⑤ It　（それは）　　⑤ is
⑥ We　（私たちは）　　⑥ are
⑦ They　（彼らは・それらは）　　⑦ are
⑧ You　（あなたがたは）　　⑧ are
⑨ Ken　（ケンは）　　⑨ is
⑩ Maki　（マキは）　　⑩ is
⑪ Hiroshi and I　（ヒロシと私は）　　⑪ are

Challenge!

1回目 [　　] 点　2回目 [　　] 点　3回目 [　　] 点

☐ 4　（　）にbe動詞を入れなさい。（各1点）

① I (　　　) from Canada.　　① I (am) from Canada.
② You (　　　) a student.　　② You (are) a student.
③ He (　　　) good at tennis.　　③ He (is) good at tennis.
④ She (　　　) very smart.　　④ She (is) very smart.
⑤ They (　　　) my friends.　　⑤ They (are) my friends.
⑥ We (　　　) in Asahi Park.　　⑥ We (are) in Asahi Park.
⑦ Tom (　　　) my friend.　　⑦ Tom (is) my friend.
⑧ Yuki and Maki (　　　) kind.　　⑧ Yuki and Maki (are) kind.
⑨ Your bag (　　　) on the desk.　　⑨ Your bag (is) on the desk.
⑩ Your dogs (　　　) big.　　⑩ Your dogs (are) big.

Self Check!!

☐ どういう時，どのbe動詞（is / am / are）を使うかわかりましたか。

すらすら英文法

be 動詞②　否定文　　　氏名

CanDo!

☐ **1** be 動詞の否定文は，be 動詞の（①　　）に（②　　）を置く。

1　① 後ろ
　　② not

> I am **not** Kenta.
> （私はケンタではありません）
> Maki and I are **not** in Tokyo.
> （マキと私は東京にいません）
> Ken is **not** from Osaka.
> （ケンは大阪の出身ではありません）

☐ **2** 次の語の短縮形は何ですか。
① is not
② are not
③ am not

2
① isn't
② aren't
③ ×　（ない）

Challenge!

1回目 [　　] 点　　2回目 [　　] 点　　3回目 [　　] 点

☐ **3** 次の文を否定文にしなさい。（各1点）

① I **am** from Canada.
② You **are** an English teacher.
③ He **is** tall.
④ She **is** 12 years old.
⑤ They **are** my sisters.
⑥ We **are** good friends.
⑦ Bob **is** a soccer player.
⑧ Yuki and Maki **are** in the park.
⑨ This **is** your bike.
⑩ That **is** your chair.

① I am **not** from Canada.
② You are **not** an English teacher.
③ He is **not** tall.
④ She is **not** 12 years old.
⑤ They are **not** my sisters.
⑥ We are **not** good friends.
⑦ Bob is **not** a soccer player.
⑧ Yuki and Maki are **not** in the park.
⑨ This is **not** your bike.
⑩ That is **not** your chair.

Self Check!!

☐ be 動詞の否定文の作り方がわかりましたか。

中学1年 すらすら英文法

be 動詞③　疑問文　　　　　氏名

CanDo!

☐ **1** be 動詞の疑問文は，be 動詞を（①　　）にもってきて，最後に（②　　）をつける。

1　① 前
　② クエスチョン・マーク（?）

> **Am** I beautiful?
> （私って，美しいですか）
> **Are** my dogs in the box?
> （私の犬は箱の中にいますか）
> **Is** my dog cute?
> （私の犬は可愛いですか）

☐ **2** 疑問文への答えは，(　　　)を使う。

2　be 動詞

Challenge!　1回目[　　]点　2回目[　　]点　3回目[　　]点

☐ **3** 次の文を疑問文にしなさい。(各1点)

① I **am** good.
② You **are** at home.
③ This **is** my desk.
④ Ken and Yuki **are** tennis players.
⑤ It **is** interesting.

① **Am** I good?
② **Are** you at home?
③ **Is** this my desk?
④ **Are** Ken and Yuki tennis players?
⑤ **Is** it interesting?

☐ **4** 次の疑問文に Yes，No の両方で答えなさい。(各1点)

① **Are** you hungry?
② **Is** Tom in Japan?
③ **Is** this a pen?
④ **Are** you a good singer?
⑤ **Are** Tom and Yuki good friends?

① Yes, **I am**. / No, **I'm not**.
② Yes, **he is**. / No, **he isn't**.
③ Yes, **it is**. / No, **it isn't**.
④ Yes, **I am**. / No, **I'm not**.
⑤ Yes, **they are**. / No, **they aren't**.

Self Check!!

☐ be 動詞の疑問文の作り方と答え方がわかりましたか。

Chapter 1 中学1年で身につけたい すらすら英文法

3 3人称単数現在形を使った「すらすら英文法」

3人称単数現在形は，中学1年生にとって，最初の壁＝難関文法と言える。

まず，3人称とは何なのか。sのつけ方にはどんなルールがあるのか。そして，3単現の否定文，疑問文の作り方とその答え方と，どれをとっても生徒にとって，かなり難関である。

そこでここでは，次の4つをきちんと押さえることを Can Do としたい。

> ❶ 主語が3人称単数の時に，sがつく。
> ❷ 動詞のsのつけ方がわかる。
> ❸ 疑問文の作り方と答え方がわかる。
> ❹ 否定文の作り方がわかる。

3人称単数現在形のCanDo!

❶ sのつけ方ルール
  - そのままつける。（例）like → likes　eat → eats
  - yで終わっている単語はyをiに変えてesをつける。
    （例）study → studies　　**注意**　play, stay はそのまま s をつける！
  - o, x, s, ss, sh, ch, th で終わっている語は，es をつける。
    （例）teach → teaches　watch → watches
  〈特別な変化〉 have → has

❷ 主語が3人称単数（he, she, it）の時，動詞にsをつける
  He play**s** tennis.　**She** play**s** tennis.　**It** run**s** fast.
  My brother play**s** tennis.
  →私の兄＝男なので，動詞にsがついている。

❸ 疑問文は does を前に置き，動詞は原形にする
　　　　　Tom like**s** soccer.
  Does Tom like　soccer**?**　—　Yes, he does. / No, he doesn't.

❹ 否定文は，動詞の前に doesn't を入れ，動詞は原形にする
  My father　　　　stud**ies** Chinese.
  My father **doesn't study**　Chinese.

中学1年 すらすら英文法

3人称単数現在① 肯定文　　氏名

CanDo!

☐ 1　主語が3人称単数(he, she, it, 名前)の時, 動詞に(　　)をつける。

1　s (または es)

> **He** like**s** English too.
> **She** like**s** music.
> <u>Takeshi</u> goe**s** to school by bus.
> 　↑タケシは男なので he と考える

☐ 2　動詞にsをつける4つのルールを言いなさい。

2　① そのままつける。
　② y で終わっている単語は, y を i に変えて es をつける。
　③ o, x, s, ss, sh, ch, th で終わる単語は es をつける。
　④ have は例外で has となる。

Challenge!

1回目[　　]点　2回目[　　]点　3回目[　　]点

☐ 3　( )内の2つの語のうち正しい語はどちらですか。(各1点)

① I (like / likes) math.
② You (live / lives) in Toyama.
③ He (play / plays) tennis.
④ She (study / studies) English.
⑤ It (run / runs) very fast.

① like
② live
③ plays
④ studies
⑤ runs

☐ 4　下線部を( )の語に変え, 全文を言いなさい。(各1点)

① <u>**I**</u> play the guitar. (He)
② <u>**I**</u> want a hat for Christmas. (She)
③ <u>**You**</u> have a car. (Kenji)
④ <u>**You**</u> run very fast. (Yumi)
⑤ <u>**You**</u> sing songs well.
　(My mother)

① He play**s** the guitar.
② She want**s** a hat for Christmas.
③ Kenji **has** a car.
④ Yumi run**s** very fast.
⑤ My mother sing**s** songs well.

Self Check!!

☐ どういう時に, 動詞に s (または es) がつくかわかりましたか。

中学1年 すらすら英文法

3人称単数現在② 否定文　　氏名

CanDo!

☐ 1　3人称単数現在の否定文は，動詞の（①　）に，（②　）を入れ，動詞は，（③　）にする。

1　① 前
　② doesn't または does not
　③ 原形

Kenji　　　　likes　soccer.
Kenji **doesn't** like　soccer.
　　　　　　↑ 動詞の原形
（ケンはサッカーが好きではない）

Challenge!

1回目［　　］点　2回目［　　］点　3回目［　　］点

☐ 2　（　）内の2つの語のうち正しい語はどちらですか。（各1点）

① I (don't / doesn't) like animal.
② You (don't / doesn't) drink coffee.
③ He (don't / doesn't) play tennis.
④ She (don't / doesn't) run fast.
⑤ It (don't / doesn't) eat a lot.

① don't
② don't
③ doesn't
④ doesn't
⑤ doesn't

☐ 3　次の英文を否定文にしなさい。（各1点）

① He likes dogs.
② She uses this computer.
③ My dog eats cat food.
④ Hiroshi speaks French.
⑤ My brother has a big car.

① He **doesn't** like dogs.
② She **doesn't** use this computer.
③ My dog **doesn't** eat cat food.
④ Hiroshi **doesn't** speak French.
⑤ My brother **doesn't** have a big car.

Self Check!!

☐ 主語が3人称単数の時の否定文の作り方がわかりましたか。

中学1年 すらすら英文法

3人称単数現在③ 疑問文　　氏名

CanDo!

☐ 1　3単現の疑問文は，（①　　）を前に置き，動詞は（②　　）にし，最後に（③　　）をつける。

1　① does　② 原形
　③ クエスチョン・マーク（？）

<u>Kenji</u>　<u>likes</u>　<u>soccer</u>.
Does　<u>Kenji</u>　<u>like</u>　soccer?
　　　　　　↑ 動詞の原形
{ Yes, **he** does.
{ No, **he** doesn't.

☐ 2　答える時は（　　　　）を使う。

2　does または doesn't

Challenge!　1回目 [　　　]点　2回目 [　　　]点　3回目 [　　　]点

☐ 3　次の文を疑問文にしなさい。

① He plays baseball.
② She likes dogs.
③ Yumi's dog runs fast.
④ Kenji has a big car.
⑤ Your brother lives in China.

① **Does** he **play** baseball?
② **Does** she **like** dogs?
③ **Does** Yumi's dog **run** fast?
④ **Does** Kenji **have** a big car?
⑤ **Does** your brother **live** in China?

☐ 4　次の疑問文に Yes，No の両方で答えなさい。

① Does **Ayumi** cook well?
② Does **your brother** take pictures?
③ Does **Hiroshi** eat natto every day?
④ Does **Tom** speak Japanese?
⑤ Does **Maiko** swim well?

① Yes, **she** does. / No, **she** doesn't.
② Yes, **he** does. / No, **he** doesn't.
③ Yes, **he** does. / No, **he** doesn't.
④ Yes, **he** does. / No, **he** doesn't.
⑤ Yes, **she** does. / No, **she** doesn't.

Self Check!!
☐ 主語が3人称単数の時の疑問文の作り方がわかりましたか。
☐ 3人称単数の疑問文への答え方がわかりましたか。

Chapter 1 中学1年で身につけたい すらすら英文法

4 人称代名詞を使った「すらすら英文法」

人称代名詞は，まず代名詞の表を自分で完成できるところから学習はスタートする。
ぜひ，代名詞の変化表は全員が書けるようにさせたい。
そこで，人称代名詞の課題を次の3つと考える。

❶ 人称代名詞の表を完成することができる。
❷ 名詞を代名詞で置き換えることができる。
❸ 疑問文の答えの時，どんな代名詞になるのか理解できる。

人称代名詞のCanDo!

❶ 人称代名詞の変化表

	～は	～の	～を(に/が)	～のもの		～は	～の	～を(に/が)	～のもの
私	I	my	me	mine	私たち	we	our	us	ours
あなた	you	your	you	yours	あなた方	you	your	you	yours
彼	he	his	him	his	彼ら	they	their	them	theirs
彼女	she	her	her	hers	彼女ら	they	their	them	theirs
それ	it	its	it		それら	they	their	them	

❷ 名詞を代名詞に置き換える

Kenji likes natto.　　　　I like Kenji.　　　　This is Kenji's book.
　↓男の子だから…　　　　↓男で「ケンジが」となる　　　↓ケンジの
　　He　　　　　　　　　　him　　　　　　　　　　　his

❸ 疑問文に答える時は，代名詞で答える
Does Yumi play basketball?
→女の子だから，Yes, she does. / No, she doesn't.

中学1年 すらすら英文法

人称代名詞① 主格　　　氏名

CanDo!

☐ 1 人称代名詞（単数）の表を完成させよ！

	～は	～の	～を(に/が)	～のもの
私				
あなた				
彼				
彼女				
それ				

1

	～は	～の	～を(に/が)	～のもの
私	I	my	me	mine
あなた	you	your	you	yours
彼	he	his	him	his
彼女	she	her	her	hers
それ	it	its	it	

☐ 2 人称代名詞（複数）の表を完成させよ！

	～は	～の	～を(に/が)	～のもの
私たち				
あなた方				
彼ら				
彼女ら				
それら				

2

	～は	～の	～を(に/が)	～のもの
私たち	we	our	us	ours
あなた方	you	your	you	yours
彼ら	they	their	them	theirs
彼女ら	they	their	them	theirs
それら	they	their	them	

Challenge!

1回目 [　　　] 点　　2回目 [　　　] 点　　3回目 [　　　] 点

☐ 3 下線部を代名詞に変えなさい。（各2点）

① **Ken** is my friend.　　① He
② **Yukiko** runs fast.　　② She
③ **Bob and Tom** like golf.　　③ They
④ **Taku and I** play tennis.　　④ We
⑤ **My cat** is on the desk.　　⑤ It

Self Check!!

☐ 主語を代名詞に変える時，主格の代名詞を使うことがわかりましたか。

中学1年 すらすら英文法

人称代名詞②　所有格　　氏名

CanDo!

☐ **1** 人称代名詞（単数）の表を完成させよ！

	～は	～の	～を(に/が)	～のもの
私				
あなた				
彼				
彼女				
それ				

1

	～は	～の	～を(に/が)	～のもの
私	I	my	me	mine
あなた	you	your	you	yours
彼	he	his	him	his
彼女	she	her	her	hers
それ	it	its	it	

☐ **2** 人称代名詞（複数）の表を完成させよ！

	～は	～の	～を(に/が)	～のもの
私たち				
あなた方				
彼ら				
彼女ら				
それら				

2

	～は	～の	～を(に/が)	～のもの
私たち	we	our	us	ours
あなた方	you	your	you	yours
彼ら	they	their	them	theirs
彼女ら	they	their	them	theirs
それら	they	their	them	

Challenge!

1回目［　　　］点　2回目［　　　］点　3回目［　　　］点

☐ **3** 下線部を代名詞に変えなさい。（各2点）

① This is **Ken's** pen.　　　　　　　　① his
② That is **Manami's** dictionary.　　　② her
③ Look at **my brother's** car.　　　　 ③ his
④ Listen to the **people's** song.　　　④ their
⑤ **My dog's** hair is long.　　　　　　⑤ Its

Self Check!!

☐ 「～の」という部分を代名詞に変える時，所有格の代名詞を使うことがわかりましたか。

20

すらすら英文法

人称代名詞③　目的格　　　　　氏名

CanDo!

1 人称代名詞（単数）の表を完成させよ！

	～は	～の	～を(に/が)	～のもの
私				
あなた				
彼				
彼女				
それ				

1

	～は	～の	～を(に/が)	～のもの
私	I	my	me	mine
あなた	you	your	you	yours
彼	he	his	him	his
彼女	she	her	her	hers
それ	it	its	it	

2 人称代名詞（複数）の表を完成させよ！

	～は	～の	～を(に/が)	～のもの
私たち				
あなた方				
彼ら				
彼女ら				
それら				

2

	～は	～の	～を(に/が)	～のもの
私たち	we	our	us	ours
あなた方	you	your	you	yours
彼ら	they	their	them	theirs
彼女ら	they	their	them	theirs
それら	they	their	them	

Challenge!

1回目 [　　　] 点　　2回目 [　　　] 点　　3回目 [　　　] 点

3 下線部を代名詞に変えなさい。（各2点）

① Look at **Tom**.　　　　　　　　　① him
② Tell **Ken and Yuki** about India.　② them
③ Listen to **Chinami and I**.　　　　③ us
④ Take **these books** to the classroom.　④ them
⑤ Open **the window**.　　　　　　　⑤ it

Self Check!!

☐ 目的語を代名詞に変える時，目的格の代名詞を使うことがわかりましたか。

中学1年 すらすら英文法

人称代名詞④　所有代名詞　　氏名

CanDo!

1 人称代名詞（単数）の表を完成させよ！

	〜は	〜の	〜を(に/が)	〜のもの
私				
あなた				
彼				
彼女				
それ				

1

	〜は	〜の	〜を(に/が)	〜のもの
私	I	my	me	mine
あなた	you	your	you	yours
彼	he	his	him	his
彼女	she	her	her	hers
それ	it	its	it	

2 人称代名詞（複数）の表を完成させよ！

	〜は	〜の	〜を(に/が)	〜のもの
私たち				
あなた方				
彼ら				
彼女ら				
それら				

2

	〜は	〜の	〜を(に/が)	〜のもの
私たち	we	our	us	ours
あなた方	you	your	you	yours
彼ら	they	their	them	theirs
彼女ら	they	their	them	theirs
それら	they	their	them	

Challenge!

1回目 [　　] 点　2回目 [　　] 点　3回目 [　　] 点

3 下線部を代名詞に変えなさい。（各2点）

① Maki　　: Hiroshi! Is this **your bag**?　　① yours
　Hiroshi : No, it is Ken's.
② Ken　　 : Yuki. Is this your pen?　　② mine
　Yuki　　: Yes. It's **my pen.**
③ Maiko　 : Is this book Bob's?　　③ his
　Taku　　: Yes! That book is **Bob's**, too.
④ Yoshiko : Is this your idea?　　④ ours
　Satoru　: No. It's **your and my idea.**
⑤ These are **Manami's CDs**.　　⑤ hers

Self Check!!

☐ 「〜のもの」という時，所有代名詞を使うことがわかりましたか。

すらすら英文法

人称代名詞⑤　答え方　　　　　氏名

Can Do!

□1 人称代名詞（単数）の表を完成させよ！

	～は	～の	～を(に/が)	～のもの
私				
あなた				
彼				
彼女				
それ				

1

	～は	～の	～を(に/が)	～のもの
私	I	my	me	mine
あなた	you	your	you	yours
彼	he	his	him	his
彼女	she	her	her	hers
それ	it	its	it	

□2 人称代名詞（複数）の表を完成させよ！

	～は	～の	～を(に/が)	～のもの
私たち				
あなた方				
彼ら				
彼女ら				
それら				

2

	～は	～の	～を(に/が)	～のもの
私たち	we	our	us	ours
あなた方	you	your	you	yours
彼ら	they	their	them	theirs
彼女ら	they	their	them	theirs
それら	they	their	them	

Challenge!

1回目 [　　　]点　2回目 [　　　]点　3回目 [　　　]点

□3 次の質問に答える時，(　　)に入る語を答えなさい。（各2点）

① Aki　　: Do **you** like this song?　　① I
　 Yoshi　: Yes, (　　) do.

② Kenji　: Does **Bob** play judo?　　② he
　 Mai　　: No, (　　) doesn't.

③ Lucy　 : Do **Ken and Mai** have dogs?　③ they
　 Taku　 : Yes, (　　) do.

④ Yumi　 : Is <u>this racket</u> yours?　　④ it
　 Toru　 : No, (　　) isn't.

⑤ Chinami: Is <u>your mother</u> kind?　　⑤ she
　 Manami : Yes, (　　) is.

Self Check!!

□ 質問に答える時は，主格の代名詞を使うことがわかりましたか。

Chapter 1 中学1年で身につけたい すらすら英文法

5 命令文を使った「すらすら英文法」

命令文での基本は1つである。次のことがわかればよい。

❶ 命令文は，主語を取って，動詞は原形にする。

これを理解することが命令文の Can Do となる。
その後は，

❷ 丁寧に言う時（Please～または～, please.）の文
❸ 否定の命令（Don't）を使った文
❹ 誘う時の表現（Let's～）

などと派生していけばよい。

命令文のCanDo!

❶ 命令文は，主語を取って，動詞は原形にする
~~You~~ go to bed.   ~~Yumi~~ runs fast.
　　Go to bed.　　　**Run** fast.
　　　　　　　　　↑動詞は原形

　　　　　　　　動詞の原形から始めるんだね！

❷ 丁寧に言う時は，Please をつける。言い方は2種類ある
　　　Come here.（こっちに来なさい）
Please come here.
Please ＋ 命令文
Come here, **please**.　　（こっちに来てください）
命令文 ＋ please

❸ 「～してはいけない」という否定の命令文
　　　Come here.（こっちに来なさい）
Don't come here.（こっちに来てはいけない）
Don't ＋ 命令文

中学1年 すらすら英文法

命令文① 肯定文　　　　　氏名

CanDo!

☐ 1　文を命令文にするには，（①　　）を取って動詞を（②　　）にする。

1　① 主語　② 原形

~~You~~ go to bed. （あなたは寝ます）
Go to bed. （寝なさい）
　↑
動詞は原形

Challenge!

1回目 [　　] 点　2回目 [　　] 点　3回目 [　　] 点

☐ 2　次の文を命令文で言いなさい。（各1点）

① You go to school.
② You study hard.
③ You clean the room.
④ You do your homework.
⑤ You stop.

① **Go** to school.
② **Study** hard.
③ **Clean** the room.
④ **Do** your homework.
⑤ **Stop**.

☐ 3　日本語に合うように文を作りなさい。ただし1つ不要な語があります。（各1点）

① 早く起きなさい。
　(you / get up / soon / .)
② こっちに来て！
　(here / you / come / .)
③ 立ちなさい！
　(you / stand / up / .)
④ 私を見なさい！
　(at / look / me / you / .)
⑤ 座りなさい！
　(down / sit / you / .)

① **Get** up soon.
② **Come** here.
③ **Stand** up.
④ **Look** at me.
⑤ **Sit** down.

Self Check!!　☐ 命令文の仕組み（主語をカットして，動詞から始める）がわかりましたか。

すらすら英文法 中学1年

命令文②　否定の命令文　　　氏名 _____

CanDo!

☐ **1** 否定の命令文は（①　　）+（②　　）となる。

1 ① Don't　② 命令文

> Come here. （来なさい）
> **Don't** come here. （来てはいけない）
> Don't ＋ 命令文

Challenge!

1回目 [　　] 点　2回目 [　　] 点　3回目 [　　] 点

☐ **2** 次の文を否定の命令文で言いなさい。（各1点）

① Eat here.　　　　　　　　　① **Don't** eat here.
② Sleep.　　　　　　　　　　② **Don't** sleep.
③ Walk.　　　　　　　　　　③ **Don't** walk.
④ Talk loud.　　　　　　　　④ **Don't** talk loud.
⑤ Use this computer.　　　　⑤ **Don't** use this computer.

☐ **3** 日本語に合うように文を作りなさい。ただし1つ不要な語があります。（各1点）

① 私のラケットを使わないで！　　　　① **Don't** use my racket.
　(don't / you / my racket / use / .)
② 走ってはいけません。　　　　　　② **Don't** run.
　(run / don't / you / .)
③ ここで話をしてはいけません。　　　③ **Don't** talk here.
　(here / talk / you / don't / .)
④ 飲食禁止！　　　　　　　　　　　④ **Don't** eat and drink.
　(you / don't / drink/ and / eat / .)
⑤ 私のカバンに触らないで！　　　　　⑤ **Don't** touch my bag.
　(touch / you / don't / my bag / .)

Self Check!!

☐ 否定の命令文の仕組み（Don't + 命令文）がわかりましたか。

すらすら英文法

命令文③　誘う命令文　　　氏名

CanDo!

☐ 1　人を誘う時には、(①　　) + (②　　)になる。

1　①Let's　②命令文

> Go back.（帰りなさい）
> **Let's** go back.（帰りましょう）
> **Let's** ＋ **命令文**

Challenge!

1回目[　　]点　2回目[　　]点　3回目[　　]点

☐ 2　次の文を「人を誘う時」の命令文で言いなさい。（各1点）

① Run to the park.
② Study English.
③ Eat lunch.
④ Go shopping.
⑤ Listen to music.

① **Let's** run to the park.
② **Let's** study English.
③ **Let's** eat lunch.
④ **Let's** go shopping.
⑤ **Let's** listen to music.

☐ 3　日本語に合うように文を作りなさい。ただし1つ不要な語があります。（各1点）

① 一緒にテニスしよう！
　(let's / tennis / you / play / .)
② 図書館に行こうよ！
　(you / library / to / let's / go / the / .)
③ この箱を開けよう！
　(open / let's / this box / you / .)
④ 歌をみんなで歌いましょう。
　(sing / songs / let's / you / .)
⑤ 本を読もうよ。
　(read / let's / a book / you / .)

① **Let's** play tennis.
② **Let's** go to the library.
③ **Let's** open this box.
④ **Let's** sing songs.
⑤ **Let's** read a book.

Self Check!!

☐ 人を誘う時の命令文（Let's ＋ 命令文）がわかりましたか。

6 助動詞の can を使った「すらすら英文法」

助動詞 can の基本は，次の4つである。

❶ can の次は，動詞の原形がくる。
❷ 否定文は，can の後ろに not を置き，cannot または can't となる。
❸ 疑問文は，can を文の前に置き，最後にクエスチョン・マークをつける。
❹ 答える時は，can を使う。

この4つを身につければ，完璧である。

助動詞 can の CanDo!

❶ 「〜できる」という時は can ＋ 動詞の原形
　Tom　　　play**s** the piano.
　Tom **can** play　the piano.
　　　　　　↑動詞の原形

> 動詞の原形なんだね！

❷ 否定文は can の後ろに not を置くだけ
　Emi **can**　　sing songs well.
　Emi **cannot** sing songs well.
　　　（**can't**）

❸ 疑問文は，can を前にもってきて，クエスチョン・マークをつける
　　　Yuki **can** sing songs well.
　Can Yuki　　sing songs well?
　　{ Yes, she **can**.
　　{ No, she **can't**.

すらすら英文法

助動詞 can ①　肯定文　　　　　　　氏名

Can Do!

☐ 1　「~できる」と言いたい時は、（①　　）の前に（②　　）を入れる。

☐ 2　can の後ろは動詞の（　　）となる。

1　①動詞　②can

2　原形

> He　　　plays　the piano.
> He **can** play　the piano.
> 　　　　↑動詞の原形

Challenge!

1回目[　　]点　2回目[　　]点　3回目[　　]点

☐ 3　次の文を「~できる」の文にしなさい。（各1点）

① I play basketball.
② You run fast.
③ Tom cooks well.
④ Yukari makes cakes.
⑤ My grandmother plays golf.

① I **can** play basketball.
② You **can** run fast.
③ Tom **can** cook well.
④ Yukari **can** make cakes.
⑤ My grandmother **can** play golf.

☐ 4　日本語に合うように、語を並べ替えなさい。（各1点）

① 私はピアノを弾くことができる。
　(can / the piano / play / I / .)
② あなたは上手に日本語を話すことができる。
　(speak / you/ Japanese/ can/ well / .)
③ 私の妹は絵を描くことができる。
　(my / draw / pictures/ sister / can / .)
④ 私は将棋をすることができる。
　(play / shogi / can / I / .)
⑤ ケンは上手に料理することができる。
　(cook / Ken / well / can / .)

① I **can** play the piano.
② You **can** speak Japanese well.
③ My sister **can** draw pictures.
④ I **can** play shogi.
⑤ Ken **can** cook well.

Self Check!!

☐ can の次には、動詞の原形がくることがわかりましたか。

29

中学1年 すらすら英文法

助動詞 can ②　否定文　　　　氏名

CanDo!

☐ **1**　can の否定文は can の（①　）に（②　）を入れる。

1　①後ろ　②not

> He **can**　　 play the piano.
> He **cannot** play the piano.
> 　（**can't**）

Challenge!

1回目[　　]点　2回目[　　]点　3回目[　　]点

☐ **2**　次の文を否定文にしなさい。（各1点）

① I can swim well.
② You can play soccer.
③ Kenji can ride on a unicycle.
④ He can draw pictures well.
⑤ My father can speak French.

① I **cannot** swim well.
② You **cannot** play soccer.
③ Kenji **cannot** ride on a unicycle.
④ He **cannot** draw pictures well.
⑤ My father **cannot** speak French.

☐ **3**　日本語に合うように，語を並べ替えなさい。（各1点）

① 私は納豆が食べられない。
　(cannot / eat / natto / I / .)
② 私の母は牛乳が飲めない。
　(mother /drink / milk / my / can't / .)
③ ボブは中国語を話すことができない。
　(Chinese / Bob / speak / cannot / .)
④ 私は早く起きられない。
　(can't / I / get up / early / .)
⑤ ケニーは漢字を書くことができない。
　(kanji / Kenny / cannot / write / .)

① I **cannot** eat natto.
② My mother **can't** drink milk.
③ Bob **cannot** speak Chinese.
④ I **can't** get up early.
⑤ Kenny **cannot** write kanji.

Self Check!!

☐ can を使った否定文の作り方がわかりましたか。

すらすら英文法

助動詞 can ③　疑問文　　氏名

CanDo!

☐ 1　can の疑問文は can を（①　　）にもってきて，最後に（②　　）をつける。

1　① 文頭　② クエスチョン・マーク（?）

> Maki **can play** the piano.
> **Can** Maki **play** the piano**?**
> { Yes, she **can.**
> { No, she **can't.**

Challenge!

1回目 [　　] 点　2回目 [　　] 点　3回目 [　　] 点

☐ 2　次の文を疑問文にしなさい。（各1点）

① You can speak English.
② You can cook Japanese food.
③ Kumi can sing songs well.
④ Takeshi can open this bottle.
⑤ Your mother can play tennis.

① **Can** you speak English?
② **Can** you cook Japanese food?
③ **Can** Kumi sing songs well?
④ **Can** Takeshi open this bottle?
⑤ **Can** your mother play tennis?

☐ 3　日本語に合うように，語を並べ替えなさい。（各1点）

① 納豆は食べられますか。
　（ can / eat / natto / you / ? ）
② タクは早く起きられるの？
　（ Taku / can / early / get up / ? ）
③ はい。起きられます。
　（ can / yes / he / , / . ）
④ あなたはケンジと一緒に来られる？
　（ come / Kenji / with / you / can / ? ）
⑤ いいえ。行けません。
　（ I / no / can't / , / . ）

① **Can** you eat natto?
② **Can** Taku get up early?
③ Yes, he **can**.
④ **Can** you come with Kenji?
⑤ No, I **can't**.

Self Check!!

☐ can を使った疑問文の作り方と答え方がわかりましたか。

Chapter 1 中学1年で身につけたい すらすら英文法

7 現在進行形を使った「すらすら英文法」

現在進行形の基本は，次の5つである。

> ❶ be 動詞＋動詞の原形 ing で「〜している」という意味になる。
> ❷ ing のつけ方のルールを理解する。
> ❸ 現在進行形の否定文は，be 動詞の後ろに not を置く。
> ❹ 現在進行形の疑問文は，be 動詞を前に置き，最後にクエスチョン・マークをつける。
> ❺ 答える時は，be 動詞を使う。

これらができることが現在進行形の Can Do になる。

現在進行形の CanDo!

❶ be 動詞＋動詞の原形 ing で「〜している」という意味になる
　I write　　　a letter.（私は手紙を書く）
　I **am** writ**ing** a letter.（私は手紙を**書いている**）

❷ ing のつけ方の4つのルール
　・そのままつける。（例）play → playing
　・e で終わっている単語は e を取って ing をつける。（例）make → making
　・最後の文字の1つ前が母音の時，最後の文字を重ねて ing をつける。
　　（例）run → running　　swim → swimming　　sit → sitting
　〈注意〉「ie で終わっている語は ie を y に変えて，ing をつける」は上級学年で扱う。

❸ 否定文は，be 動詞の後ろに not を置くだけ
　I am　　watching TV now.（私は今，テレビを見ています）
　I am **not** watching TV now.（私は今，テレビを見ていません）

❹ 疑問文は，be 動詞を前にもってきて，クエスチョン・マークをつける
　　Yuki **is** sing**ing** a song well.
　Is Yuki　sing**ing** a song well**?**
　　{ Yes, she **is**.
　　{ No, she **isn't**.

中学1年 すらすら英文法

現在進行形① 肯定文　　氏名

CanDo!

☐ **1** 現在進行形は, (①　　) + (②　　) で表される。

1　① be動詞
　② 動詞の原形 ing

> Yuki plays the piano.
> Yuki **is playing** the piano.
> 　　（〜している）

☐ **2** 「be動詞＋動詞の原形 ing」で, (　　　　) という意味になる。

2　〜している

☐ **3** ing のつけ方を3つ言いなさい。

3　① そのままつける。play → playing
　② eで終わっている単語は e を取って, ing をつける。make → making
　③ 最後の文字の1つ前がアイウエオ（母音）の時，最後の文字を重ねて ing をつける。
　　（例）run → running
　　　　　swim → swimming

Challenge!

1回目 [　　] 点　2回目 [　　] 点　3回目 [　　] 点

☐ **4** 次の文を「〜している」の文にしなさい。(各2点)

① I watch TV.　　　　　　　　　　① I **am** watch**ing** TV.
② You study math.　　　　　　　② You **are** study**ing** math.
③ Ken cooks dinner.　　　　　　③ Ken **is** cook**ing** dinner.
④ Hiro and Miki make cakes.　　④ Hiro and Miki **are** mak**ing** cakes.
⑤ My father runs in the park.　　⑤ My father **is** runn**ing** in the park.

Self Check!!

☐ 現在進行形は,「be動詞＋動詞の原形 ing」となることがわかりましたか。
☐ ing のつけ方には3つあることがわかりましたか。

すらすら英文法 中学1年

現在進行形② 否定文　　氏名

CanDo!

☐ **1** 現在進行形の否定文は（①　）の後ろに（②　）を入れる。

1 ① be 動詞　② not

> Yuki is　　 playing the piano.
> Yuki is **not** playing the piano.

Challenge!

1回目 [　　]点　2回目 [　　]点　3回目 [　　]点

☐ **2** 次の文を否定文にしなさい。(各1点)

① I am reading a comic.
② You are studying at home.
③ My brothers are playing soccer.
④ Maki is listening to music.
⑤ My dog is sleeping in the box.

① I **am not** reading a comic.
② You **are not** studying at home.
③ My brothers **aren't** playing soccer.
④ Maki **is not** listening to music.
⑤ My dog **isn't** sleeping in the box.

☐ **3** 日本語に合うように，語を並べ替えなさい。(各1点)

① 彼は今，夕食を食べていません。
　(is / eating / he / dinner / not / now / .)
② ユミは今，料理はしていません。
　(Yumi / not / cooking / is / now / .)
③ 私はパソコンを使っていません。
　(using / not / a computer / I / am / .)
④ 私の妹は今，掃除していません。
　(sister / cleaning / now / my / isn't / .)
⑤ 彼らは絵を描いていません。
　(pictures / they / aren't / drawing / .)

① He **is not** eating dinner now.
② Yumi **is not** cooking now.
③ I **am not** using a computer.
④ My sister **isn't** cleaning now.
⑤ They **aren't** drawing pictures.

Self Check!!

☐ 現在進行形の否定文は，「be 動詞の後ろに not を入れる」ことがわかりましたか。

すらすら英文法

現在進行形③　疑問文　　　　　氏名

CanDo!

□ 1　現在進行形の疑問文は（①　　　）を前にもってきて，最後に（②　　　）をつける。

□ 2　答える時は，（　　　）を使う。

1　① be 動詞
　　② クエスチョン・マーク（？）

2　be 動詞

> Kenji **is playing** the piano.
> **Is** Kenji **playing** the piano**?**
> { Yes, he **is**.
> 　No, he **isn't**.

Challenge!

1回目［　　　］点　2回目［　　　］点　3回目［　　　］点

□ 3　次の文を疑問文にしなさい。（各1点）

① You are playing baseball.
② You are taking a bath.
③ Kumi is singing a song now.
④ Mr.Tanaka is teaching math now.
⑤ They are running in the park.

① **Are** you playing baseball?
② **Are** you taking a bath?
③ **Is** Kumi singing a song now?
④ **Is** Mr.Tanaka teaching math now?
⑤ **Are** they running in the park?

□ 4　次の疑問文に Yes，No の両方で答えなさい。（各1点）

① Are **you** watching TV now?
② Is **Kenji** using his computer?
③ Are **Yuki and Maki** playing tennis?
④ Is **your dog** sleeping on the bench?
⑤ Is **Tom's sister** playing the piano?

① Yes, **I** am. / No, **I** am not.
② Yes, **he** is. / No, **he** isn't.
③ Yes, **they** are. / No, **they** aren't.
④ Yes, **it** is. / No, **it** isn't.
⑤ Yes, **she** is. / No, **she** isn't.

Self Check!!

□　現在進行形の疑問文の作り方と答え方がわかりましたか。

Chapter 1 中学1年で身につけたい すらすら英文法

8 疑問詞を使った「すらすら英文法」

1年では，疑問詞は① What ② When ③ Where ④ How ⑤ Who ⑥ Whose を主に扱う。
これらの6つに共通している基本は，

> 疑問詞の後ろは，疑問文になる

ということである。
これを身につけさせるためには，整序作文をやらせるとよい。

疑問詞のCanDo!

疑問詞のある疑問文は 疑問詞＋疑問文 の順番になる。

❶　What is this?　　　　　　　What do you want?
　　　↑疑問文　　　　　　　　　　　↑疑問文
　　（これは何ですか）　　　　　（あなたは何が欲しいですか）

　　　　　　　　疑問詞の後ろは疑問文になるよ!!

❷　When is your birthday?　　　When do you do your homework?
　　（あなたの誕生日はいつですか）（いつあなたは宿題をしますか）

❸　Where is your school?　　　Where does Bob play tennis?
　　（あなたの学校はどこですか）　（どこでボブはテニスをしますか）

❹　How is the weather?　　　　How do you come to school?
　　（天気はどうですか）　　　　（どうやって学校に来ますか）

❺　Who is this?　　　　　　　Who do you like?
　　（この人は誰ですか）　　　　（あなたは誰が好きですか）

❻　Whose pen is this?　　　　Whose car do you like?
　　（これは誰のペンですか）　　（誰の車があなたは好きですか）

中学1年 すらすら英文法

疑問詞① What　　　氏名

CanDo!

□1　疑問詞の後ろは（　　　）になる。

1　疑問文

> **What** is this?
> （これは何ですか）
> 　− **It's** a rabbit.
> **What** do you want?
> （何をあなたは欲しいですか）
> 　− **I want** a new watch.

Challenge!

1回目［　　　］点　2回目［　　　］点　3回目［　　　］点

□2　日本語に合うように，語を並べ替えなさい。（各2点）

① これは何ですか。
　(this / what / is / ?)

① What is this ?

② あれは何ですか。
　(what / that / is / ?)

② What is that?

③ あなたは何が欲しいですか。
　(want / what / you / do / ?)

③ What do you want?

④ あなたは何色が好きですか。
　(color / do / what / you / like / ?)

④ What color do you like?

⑤ ボブはどんなスポーツをしますか。
　(sport / Bob / what / play / does / ?)

⑤ What sport does Bob play?

Self Check!!

□　疑問詞の後ろは疑問文の順番になることがわかりましたか。

中学1年 すらすら英文法

疑問詞② When　　氏名 _____

CanDo!

☐ 1　疑問詞は文の（①　　）に置き，疑問詞の後ろは（②　　）になる。

1　① 最初（または文頭）
　② 疑問文

> **When** is your birthday?
> （あなたの誕生日はいつですか）
> 　― **It's** July 21st.
> **When** do you do your homework?
> （いつあなたは宿題をしますか）
> 　― **I do** my homework at night.

Challenge!

1回目 [　　] 点　2回目 [　　] 点　3回目 [　　] 点

☐ 2　日本語に合うように，語を並べ替えなさい。（各2点）

① あなたの誕生日はいつですか。
　(birthday / when / is / your / ?)
① When is your birthday?

② こどもの日はいつですか。
　(when / Children's Day / is / ?)
② When is Children's Day?

③ いつあなたは勉強しますか。
　(when / you / do / study / ?)
③ When do you study?

④ いつあなたはお風呂に入りますか。
　(take a bath / do / when / you / ?)
④ When do you take a bath?

⑤ いつユキは塾に行っていますか。
　(Yuki / go to juku / when / does / ?)
⑤ When does Yuki go to juku?

Self Check!!　☐ 疑問詞の後ろは疑問文の順番になることがわかりましたか。

中学1年 すらすら英文法

疑問詞③　Where　　　　　氏名

CanDo!

□1　疑問詞は文の（①　　）に置き，疑問詞の後ろは（②　　）になる。

1　① 最初（または文頭）
　　② 疑問文

> **Where** is your house?
> （あなたの家はどこですか）
> － **It's** over there.
> **Where** do you work?
> （あなたはどこで仕事をしていますか）
> － **I work** in Nagoya.

Challenge!

1回目[　　]点　2回目[　　]点　3回目[　　]点

□2　日本語に合うように，語を並べ替えなさい。（各2点）

① あなたの家はどこですか。
　(your house / where / is / ?)
　① Where is your house?

② トイレはどこですか。
　(where / the restroom / is / ?)
　② Where is the restroom?

③ どこであなたはテニスをしますか。
　(tennis / do / you / play / where / ?)
　③ Where do you play tennis?

④ マイはどこで勉強しますか。
　(does / Mai / study / where / ?)
　④ Where does Mai study?

⑤ どこでタクはお昼を食べますか。
　(Taku / lunch / eat / where / does / ?)
　⑤ Where does Taku eat lunch?

Self Check!!

□　疑問詞の後ろは疑問文の順番になることがわかりましたか。

中学1年 すらすら英文法

疑問詞④　How　　　氏名

CanDo!

□1　疑問詞は文の（①　　）に置き，疑問詞の後ろは（②　　）になる。

1　① 最初（または文頭）
　　② 疑問文

> How is the weather in Kyoto?
> （京都の天気はどうですか）
> 　− It's cloudy.
> How do you come to school?
> （どうやって学校に来ますか）
> 　− I come to school on foot.

Challenge!

1回目［　　］点　2回目［　　］点　3回目［　　］点

□2　日本語に合うように，語を並べ替えなさい。（各2点）

① あなたの具合はどうですか。
　(you / how / are / ?)

② あなたのパソコンの調子はどうですか。
　(computer/ your/ is / how / ?)

③ あなたはどう思いますか。
　(do / you / how / think / ?)

④ あなたはどうやって学校に来ますか。
　(come/ how / do / you / to / school / ?)

⑤ どのようにケンは英語を勉強していますか。
　(how / study / Ken / English / does / ?)

① How are you?

② How is your computer?

③ How do you think?

④ How do you come to school?

⑤ How does Ken study English?

Self Check!!

□　疑問詞の後ろは疑問文の順番になることがわかりましたか。

中学1年 すらすら英文法

疑問詞⑤　Who　　　　　　　　　氏名

CanDo!

☐ 1　疑問詞は文の（①　　）に置き，疑問詞の後ろは（②　　）になる。

1　① 最初（または文頭）
　② 疑問文

> **Who** is this?（この人は誰ですか）
> － **That's** my friend.
> **Who** do you like?
> （あなたは誰が好きですか）
> － **I like** Mr.Children.

☐ 2　Who が（①　　）になる時は，動詞は3単現となり，動詞に（②　　）をつける。

2　① 主語　② s（または es）

> **Who** play**s** the piano?
> （誰がピアノを弾きますか）

Challenge!

1回目［　　　］点　2回目［　　　］点　3回目［　　　］点

☐ 3　日本語に合うように，語を並べ替えなさい。（各2点）

① この人は誰ですか。
　(this / who / is / ?)

① Who is this ?

② あの人は誰ですか。
　(who / that / is / ?)

② Who is that?

③ サッカーが好きな人は誰ですか。
　(likes / who / soccer / ?)

③ Who likes soccer?

④ 誰がこの CD を欲しがっていますか。
　(CD / wants / this / who / ?)

④ Who wants this CD?

⑤ あなたは誰とお昼を食べるのですか。
　(eat / who / do / you / lunch / with / ?)

⑤ Who do you eat lunch with?

Self Check!!

☐ 疑問詞の後ろは疑問文の順番になることがわかりましたか。

中学1年 すらすら英文法

疑問詞⑥ Whose　　　氏名

CanDo!

☐ 1　疑問詞は文の（①　　）に置き，
　　疑問詞の後ろは（②　　）になる。

1　① 最初（または文頭）
　② 疑問文

> **Whose** is this book?
> （この本は誰のですか）
> － It's mine.
> **Whose book** is this?
> （これは誰の本ですか）
> － It's Ken's.

Challenge!　1回目 [　　] 点　2回目 [　　] 点　3回目 [　　] 点

☐ 2　日本語に合うように，語を並べ替えなさい。（各2点）

① この本は誰のですか。
　(this / book / whose / is / ?)

② あれは誰の本ですか。
　(whose / that / is / book / ?)

③ あなたは誰のCDが好きですか。
　(CD / whose / like / you / do / ?)

④ これは誰の（誰のもの）ですか。
　(this / whose / is / ?)

⑤ 誰のラケットを彼は使いますか。
　(whose / does / use / racket / he / ?)

① Whose is this book?

② Whose book is that?

③ Whose CD do you like?

④ Whose is this?

⑤ Whose racket does he use?

Self Check!!　☐ 疑問詞の後ろは疑問文の順番になることがわかりましたか。

すらすら英文法

疑問詞⑦　まとめ　　　　　氏名

CanDo!

☐ 1　疑問詞の後ろは（　　　）になる。
☐ 2　次の疑問詞を言ってみよう。
① 何？
② いつ？
③ どこで？
④ どのように？
⑤ 誰？
⑥ 誰の？
⑦ 何歳？
⑧ いくつ？
⑨ どのくらいの長さ？
⑩ どのくらいの高さ？

1　疑問文
2
① What
② When
③ Where
④ How
⑤ Who
⑥ Whose
⑦ How old
⑧ How many
⑨ How long
⑩ How tall

Challenge!

1回目 [　　] 点　2回目 [　　] 点　3回目 [　　] 点

☐ 3　次の語を並べ替えて，意味の通る文にしなさい。（各1点）

① this / what / is / ?
② what / that / is / ?
③ want / what / you / do / ?
④ color / do / what / you / like / ?
⑤ birthday / when / is / your / ?
⑥ when / you / do / study / ?
⑦ your house / where / is / ?
⑧ come / how / do / you / to /school / ?
⑨ likes / who / soccer / ?
⑩ whose / that / is / book / ?

① What is this?
② What is that?
③ What do you want?
④ What color do you like?
⑤ When is your birthday?
⑥ When do you study?
⑦ Where is your house?
⑧ How do you come to school?
⑨ Who likes soccer?
⑩ Whose book is that?

Self Check!!

☐ 疑問詞の後ろは疑問文の順番になることがわかりましたか。

Chapter 1 中学1年で身につけたい すらすら英文法

9 過去形（規則動詞）を使った「すらすら英文法」

規則動詞の過去形の基本は，次の5つである。

> ❶ 動詞の原形に ed をつければ，過去の意味になる。
> ❷ ed のつけ方のルールは4つある。
> ❸ 否定文は，didn't を置き，動詞は原形にする。
> ❹ 疑問文は，did を先頭に置き，動詞は原形にする。最後にクエスチョン・マークをつける。
> ❺ 答える時は，did（または didn't）を使う。

過去形（規則動詞）の CanDo!

❶ 動詞の原形 ＋ ed で「〜した」という意味になる
　　I walk　 to school.　（私は歩いて学校に行く）
　　I walk**ed** to school.　（私は歩いて学校に**行った**）

❷ ed のつけ方の4つのルール
　・そのままつける。（例）listen → listened　walk → walked
　・e で終わっている単語は，d をつけるだけ。（例）use → used
　・子音字 ＋ y で終わっている単語は y を i に変えて，ed をつける。
　　（例）study → studied
　・最後の文字の1つ前が短母音の時，最後の文字を重ねて ed をつける。
　　（例）stop → stopped

❸ 否定文は，didn't を使い，動詞は原形にする
　　I　　　watch**ed** TV last night.　（私は昨日，テレビを見ました）
　　I **didn't** watch　TV last night.　（私は昨日，テレビを見ませんでした）

❹ 疑問文は，did を先頭にもってきて，動詞は原形にする
　　　　Yuki cook**ed** dinner yesterday.
　　Did Yuki cook　 dinner yesterday?
　　　{ Yes, she **did**.
　　　{ No, she **didn't**.

すらすら英文法

過去形① 肯定文　　　氏名

CanDo!

☐ 1　過去の文にするには，動詞の原形に（　　）をつける。

1　ed

> Tom walks to school every day.
> （トムは毎日歩いて学校に行く）
> Tom walk**ed** to school yesterday.
> （トムは昨日歩いて学校に行った）

☐ 2　ed のつけ方を4つ言いなさい。

2　① そのままつける。
　　　cook → cooked
　② e で終わっている単語は d をつけるだけ。
　　　use → used　close → closed
　③ 子音字＋y で終わっている単語は，y を i に変えて ed をつける。
　　　study → studied
　④ 最後の文字の1つ前が，アイウエオの音（母音）の時は，最後の文字を重ねて ed をつける。
　　　stop → stopped

Challenge!

1回目 [　　] 点　2回目 [　　] 点　3回目 [　　] 点

☐ 3　次の文に（　　）内の語をつけて，「〜した」という過去の文にしなさい。（各2点）

① My father watches TV. (yesterday)
② You carry a big bag. (last night)
③ Kenji washes his car. (last Sunday)
④ Yui talks to me. (this morning)
⑤ I listen to music. (two day ago)

① My father watch**ed** TV yesterday.
② You carri**ed** a big bag last night.
③ Kenji wash**ed** his car last Sunday.
④ Yui talk**ed** to me this morning.
⑤ I listen**ed** to music two days ago.

Self Check!!

☐ 過去形は，動詞に ed をつけることがわかりましたか。
☐ ed のつけ方には4つあることがわかりましたか。

中学1年 すらすら英文法

過去形②　否定文　　　氏名 _____

CanDo!

☐ **1** 過去形の否定文は，動詞の前に（①　）を入れ，動詞を（②　）にする。

1 ① didn't（または did not）
　② 原形

Mai　　　played tennis yesterday.
Mai **didn't play**　tennis yesterday.
　　　↑ 動詞の原形
（マイは昨日テニスをしませんでした）

Challenge!

1回目 [　　] 点　2回目 [　　] 点　3回目 [　　] 点

☐ **2** 次の文を否定文（〜しなかった）にしなさい。（各1点）

① I studied English last night.
② You closed the window.
③ He visited Kyoto last winter.
④ Maiko watched TV yesterday.
⑤ My car stopped at the corner.

① I **didn't** study English last night.
② You **did not** close the window.
③ He **didn't** visit Kyoto last winter.
④ Maiko **didn't** watch TV yesterday.
⑤ My car **didn't** stop at the corner.

☐ **3** 次の語を並べ替えて，意味の通る文にしなさい。（各1点）

① didn't / I / watch / TV / last night / .
② Ken / not / use / this pen / did / .
③ didn't / you / study / last week / .
④ enjoy / Yuki / the music / didn't / .
⑤ not / the cake / did / like / Sally / .

① I **didn't** watch TV last night.
② Ken **did not** use this pen.
③ You **didn't** study last week.
④ Yuki **didn't** enjoy the music.
⑤ Sally **did not** like the cake.

Self Check!!

☐ 過去形の否定文は，主語と動詞の間に didn't（または did not）を入れ，動詞は原形になることがわかりましたか。

すらすら英文法 中学1年

過去形③　疑問文　　　氏名

CanDo!

☐ **1** 過去形の疑問文は，（①　　）を前にもってきて，動詞は，（②　　）にする。文の最後に（③　　）をつける。

1 ① did
　② 原形　③ クエスチョン・マーク（?）

> Mayu play**ed** the piano.
> **Did** Mayu **play** the piano**?**
> 　{ Yes, she **did**.
> 　　No, she **didn't**.

☐ **2** 答える時は，（　　）を使う。

2 did（または didn't）

Challenge!

1回目 [　　] 点　2回目 [　　] 点　3回目 [　　] 点

☐ **3** 次の文を疑問文にしなさい。（各1点）

① You played volleyball yesterday.
② You studied science last night.
③ He lived in Canada last year.
④ She enjoyed karaoke last week.
⑤ They visited Nara last summer.

① **Did** you play volleyball yesterday?
② **Did** you study science last night?
③ **Did** he live in Canada last year?
④ **Did** she enjoy karaoke last week?
⑤ **Did** they visit Nara last summer?

☐ **4** 次の疑問文に Yes，No の両方で答えなさい。（各1点）

① Did you clean your room yesterday?
② Did Mana watch a movie last night ?
③ Did your father work in the U.S.?
④ Did Ken and Mai like this music?
⑤ Did your cat * climb the tree?

＊climb（クライム）登る

① Yes, **I** did. / No, I didn't.
② Yes, **she** did. / No, she didn't.
③ Yes, **he** did. / No, he didn't.
④ Yes, **they** did. / No, they didn't.
⑤ Yes, **it** did. / No, it didn't.

Self Check!!

☐ 過去形の疑問文の作り方と答え方がわかりましたか。

47

Chapter 1 中学1年で身につけたい すらすら英文法

10 過去形(不規則動詞)を使った「すらすら英文法」

不規則動詞の過去形の基本は，次の通りである。

❶ 動詞の原形に ed をつけない過去形もある。

このことを生徒に気づかせる。
次の❷❸❹は，規則動詞の時と同じなので，繰り返し学習が保障され，より定着が図れるだろう。

❷ 否定文は，動詞の前に didn't を置き，動詞は原形にする。
❸ 疑問文は，did を先頭に置き，動詞は原形にする。最後にクエスチョン・マークをつける。
❹ 答える時は，did（または didn't）を使う。

過去形(不規則動詞)の CanDo!

❶ ed をつけない動詞もある
   (例) go → went   have → had   see → saw   write → wrote
        eat → ate   get up → got up   make → made など

動詞には，ed をつけないものもあるんだね！

❷ 否定文は，didn't を使い，動詞は原形にする
   I **saw** a rainbow today. （私は今日，虹を見ました）
   I **didn't see** a rainbow today. （私は今日，虹を見ませんでした）

❸ 疑問文は，did を先頭にもってきて，動詞は原形にする
   Makoto **got** up late this morning.
   Did Makoto **get** up late this morning?
   { Yes, he **did**.
   { No, he **didn't**.

中学1年 すらすら英文法

不規則動詞の過去形① 肯定文　　氏名

CanDo!

☐ **1** 動詞の過去形には，(①　　)をつけない動詞もある。それを(②　　)動詞という。

1　① ed
　② 不規則

> I **go** to bed at 10 every night.
> （私は毎晩10時に寝る）
> I **went** to bed at 10 last night.
> （私は昨晩，10時に寝た）

☐ **2** 次の動詞の過去形を言いなさい。

① go（行く）　　② eat（食べる）
③ get（得る）　　④ make（作る）
⑤ read（読む）　　⑥ see（見る）
⑦ have（持っている）　⑧ take（取る）
⑨ write（書く）　　⑩ give（与える）

2
① went（行った）　② ate（食べた）
③ got（得た）　　④ made（作った）
⑤ read（読んだ）　⑥ saw（見た）
⑦ had（持っていた）⑧ took（取った）
⑨ wrote（書いた）⑩ gave（与えた）

Challenge!

1回目［　　］点　2回目［　　］点　3回目［　　］点

☐ **3** 次の文に（　）内の語をつけて，「～した」という過去の文にしなさい。（各1点）

① I **eat** a big hamburger.（last night）
② You **see** a UFO.（yesterday）
③ Mana **goes** to the U.S.（last year）
④ Ken **gets** up at 5:00.（this morning）
⑤ My sister **has** a dog.（last year）

① I **ate** a big hamburger last night.
② You **saw** a UFO yesterday.
③ Mana **went** to the U.S. last year.
④ Ken **got** up at 5:00 this morning.
⑤ My sister **had** a dog last year.

Self Check!!

☐ 過去形には，動詞に ed をつけない動詞があることがわかりましたか。

すらすら英文法

不規則動詞の過去形② 否定文　　　氏名 _____

CanDo!

☐ **1** 過去形の否定文は，動詞の前に（①　）を入れ，動詞を（②　）にする。

1 ① didn't（または did not）
　② 原形

> I **took** a bath yesterday.
> I **didn't** <u>take</u> a bath yesterday.
> 　　　　↑ 動詞の原形

Challenge!

1回目 [　　　] 点　2回目 [　　　] 点　3回目 [　　　] 点

☐ **2** 次の文を否定文にしなさい。（各1点）

① I had a friend in Canada.
② You ate lunch today.
③ Kenta made a cake.
④ She went to Osaka.
⑤ My brother gave this CD.

① I **didn't** have a friend in Canada.
② You **did not** eat lunch today.
③ Kenta **didn't** make a cake.
④ She **didn't** go to Osaka.
⑤ My brother **didn't** give this CD.

☐ **3** 次の語を並べ替えて，意味の通る文にしなさい。（各1点）

① didn't / I / eat / dinner / last night / .
② you / not / get up / early / did / .
③ didn't / she / write / a letter / .
④ go / Yuki / to / didn't / the library / .
⑤ Ken / the cake / didn't / make / .

① I **didn't** eat dinner last night.
② You **did not** get up early.
③ She **didn't** write a letter.
④ Yuki **didn't** go to the library.
⑤ Ken **didn't** make the cake.

Self Check!!

☐ 不規則動詞の過去形の否定文は，主語と動詞の間に didn't（または did not）を入れ，動詞は原形になることがわかりましたか。

中学1年 すらすら英文法

不規則動詞の過去形③　疑問文　　氏名 _____

CanDo!

☐ 1　過去形の疑問文は，(①　　)を前にもってきて，動詞は(②　　)にし，最後は(③　　)をつける。

☐ 2　答える時は，(　　)を使う。

1　① did
　　② 原形　③ クエスチョン・マーク（?）

2　did（または didn't）

> You **ate** the pizza.
> **Did** you **eat** the pizza?
> 　{ Yes, I **did**.
> 　 No, I **didn't**.

Challenge!

1回目 [　　] 点　2回目 [　　] 点　3回目 [　　] 点

☐ 3　次の文を疑問文にしなさい。（各1点）

① You had dinner at 6:00.
② You went to juku last night.
③ Kenji took pictures in Canada.
④ Mai read the book yesterday.
⑤ Pochi ate this cake.

① **Did** you have dinner at 6:00?
② **Did** you go to juku last night?
③ **Did** Kenji take pictures in Canada?
④ **Did** Mai read the book yesterday?
⑤ **Did** Pochi eat this cake?

☐ 4　次の疑問文に Yes，No の両方で答えましょう。（各1点）

① Did you go to bed late yesterday?
② Did Yuki see a movie last night ?
③ Did your brother sing songs?
④ Did you have long hair last year?
⑤ Did Takeshi make the *doll?

① Yes, **I** did. / No, I didn't.
② Yes, **she** did. / No, she didn't.
③ Yes, **he** did. / No, he didn't.
④ Yes, **I** did. / No, I didn't.
⑤ Yes, **he** did. / No, he didn't.

*doll（ドール）人形

Self Check!!

☐ 不規則動詞の過去形の疑問文の作り方と答え方がわかりましたか。

Chapter 2 中学 2 年で身につけたい すらすら英文法

1 be 動詞の過去を使った「すらすら英文法」

be 動詞の過去で押さえたいことは，次の 5 つである。

> ❶ be 動詞（is, am, are）の過去形がそれぞれわかっている。
> ❷ 現在の文を過去の文に変えることができる。
> ❸ 疑問文が作れる。
> ❹ 否定文が作れる。
> ❺ 疑問文への答え方を知っている。

be 動詞の過去の CanDo！

❶ be 動詞の過去形は次のようになる
  is → was
  am → was
  are → were

❷ 過去の文にするには，be 動詞を過去形にするだけ
  I **am** a soccer fan. → I **was** a soccer fan. （私はサッカーファンだった）
  You **are** young. → You **were** young. （君は若かった）
  My dog **is** under the table. → My dog **was** under the table.
  （私の犬がテーブルの下に**いた**）

❸ 疑問文は，be 動詞を前にもっていき，クエスチョン・マークをつける
  Maki **was** a student.
  Was Maki a student?   Yes, she **was**. / No, she **wasn't**.
                              ↑ 女性なので

❹ 否定文は，be 動詞の後ろに not を入れるだけ
  I **was**   at home yesterday.   （私は昨日，家にいました）
  I **was** <u>not</u> at home yesterday.   （私は昨日，家にいませんでした）
  (wasn't)

52

中学2年 すらすら英文法

be 動詞の過去①　肯定文　　　　氏名

CanDo!

☐ 1　be 動詞が入った文を過去の文にするには，be 動詞を（　　）にすればよい。

☐ 2　be 動詞を3つ言いなさい。

☐ 3　be 動詞の3つの意味を言いなさい。

☐ 4　次の be 動詞の過去形を言いなさい。
① is　② am　③ are

1　過去形

2　is　am　are

3　です　いる　ある

4　① was　② was　③ were

I **am** young. →	**I was** young.
Ken **is** kind. →	Ken **was** kind.
You **are** rich. →	You **were** rich.

Challenge!

1回目 [　　] 点　2回目 [　　] 点　3回目 [　　] 点

☐ 5　次の（　　）に入る be 動詞を選びなさい。（各1点）

① I (am / was) busy yesterday. 　　① was
② You (are / were) sleepy last night.　② were
③ He (is / was) tired last Sunday.　　③ was
④ She (is / was) sick in bed this morning.　④ was
⑤ They (was / were) kind to me.　　⑤ were

☐ 6　次の文に（　　）内の語をつけて，過去の文に変えなさい。（各1点）

① I am small. (long ago)　　① I **was** small long ago.
② You are a soccer fan. (last year)　② You **were** a soccer fan last year.
③ He is a good boy. (last week)　　③ He **was** a good boy last week.
④ She is at home. (yesterday)　　④ She **was** at home yesterday.
⑤ It is sunny in China. (today)　　⑤ It **was** sunny in China today.

Self Check!!　☐ be 動詞（is, am, are）の過去の文の作り方がわかりましたか。

中学2年 すらすら英文法

be動詞の過去② 否定文　　氏名

CanDo!

☐ 1　be動詞の過去の否定文の作り方は？

1　be動詞の後ろにnotを置く

> I <u>was</u> **not** busy last week.
> （私は先週忙しくはなかった）
> Yuki and Tom <u>were</u> **not** in Osaka.
> （ユキとトムは大阪にいませんでした）

☐ 2　次の語の短縮形は？
① was not　② were not

2
① wasn't　② weren't

Challenge!　1回目 [　　] 点　2回目 [　　] 点　3回目 [　　] 点

☐ 3　次の文を否定文にしなさい。（各1点）

① I **was** in Canada last week.
② You **were** a music teacher.
③ He **was** tall.
④ She **was** busy yesterday.
⑤ They **were** kind students.

① I was **not** in Canada last week.
② You were **not** a music teacher.
③ He was **not** tall.
④ She was **not** busy yesterday.
⑤ They were **not** kind students.

☐ 4　次の語を並べ替えて，意味の通る文にしなさい。（各1点）

① not / we / were / good / friends / .
② was / Kenji / a soccer player / not / .
③ not / free / Bob and Tom / were / .
④ dog / was / hungry / not / my / .
⑤ pen / wasn't / in / my / the box / .

① We **were not** good friends.
② Kenji **was not** a soccer player.
③ Bob and Tom **were not** free.
④ My dog **was not** hungry.
⑤ My pen **wasn't** in the box.

Self Check!!　☐ be動詞の過去の否定文の作り方がわかりましたか。

中学2年 すらすら英文法

be 動詞の過去③　疑問文　　　氏名

CanDo!

☐ 1　be 動詞の過去の疑問文は, be 動詞を文の（①　）にもってきて, 最後に（②　）をつける。

☐ 2　答える時は,（①　）または,（②　）を使う。

1　① 前　② クエスチョン・マーク（?）
2　① was (wasn't)　② were (weren't)

My mother **was** beautiful.
Was my mother beautiful?
{ Yes, she was.
  No, she wasn't.

You **were** in the room.
Were you in the room?
{ Yes, I was.
  No, I wasn't.

Challenge!

1回目 [　　] 点　2回目 [　　] 点　3回目 [　　] 点

☐ 3　次の文を疑問文にしなさい。（各1点）

① You **were** happy yesterday.
② Kotomi **was** in Kyoto last summer.
③ Your bike **was** at school yesterday.
④ My dogs **were** sleepy last night.
⑤ It **was** rainy this morning.

① **Were** you happy yesterday?
② **Was** Kotomi in Kyoto last summer?
③ **Was** your bike at school yesterday?
④ **Were** my dogs sleepy last night?
⑤ **Was** it rainy this morning?

☐ 4　次の疑問文に Yes, No の両方で答えなさい。（各1点）

① **Were you** hungry?
② **Was Tom** at home last night?
③ **Was it** sunny yesterday?
④ **Were you and Mai** tired yesterday?
⑤ **Were Bob and Taku** good friends?

① Yes, **I was**. / No, **I wasn't**.
② Yes, **he was**. / No, **he wasn't**.
③ Yes, **it was**. / No, it **wasn't**.
④ Yes, **we were**. / No, **we weren't**.
⑤ Yes, **they were**. / No, **they weren't**.

Self Check!!

☐ be 動詞の過去の疑問文の作り方と答え方がわかりましたか。

Chapter 2 中学2年で身につけたい すらすら英文法

2 過去進行形を使った「すらすら英文法」

過去進行形で押さえたいことは，次の5つである。

> ❶ be 動詞を過去形にすれば，過去進行形になるということ。
> ❷ 「be 動詞の過去＋動詞の原形 ing」で「〜していた」という意味になること。
> ❸ 疑問文は，be 動詞を前にもってきて，最後にクエスチョン・マークをつけるということ。
> ❹ 否定文は，be 動詞の後ろに not を置くだけ。
> ❺ 疑問文への答え方は，be 動詞を使って答えること。

そして，

> ❻ ing のつけ方

も復習しておきたい。
　中1の現在進行形で学習済みではあるが，繰り返し触れさせ，習熟と定着を図りたい。

過去進行形の CanDo!

❶ be 動詞を過去形にすると過去進行形の文になり，「〜していた」と訳す
　I **am** studying English. （私は英語を勉強している）
　I **was** studying English. （私は英語を勉強していた）

❷ 疑問文は be 動詞を前に置き，クエスチョン・マークをつける。答える時は，be 動詞を使う。
　　　　You <u>were</u> watching a movie yesterday.
　Were you 　　watching a movie yesterday**?**
　　{ Yes, I **was**.
　　{ No, I **wasn't**.

❸ 否定文は，be 動詞の後ろに not を入れる
　It was 　　raining last Sunday.
　It was **not** raining last Sunday.

すらすら英文法

過去進行形① 肯定文　　氏名

Can Do!

- ☐ 1 過去進行形の形は？
- ☐ 2 過去進行形の意味は？
- ☐ 3 ing のつけ方のルールを3つ言いなさい。

1. was / were ＋ 動詞の原形 ing
2. 〜していた
3. ① そのままつける。play → playing
   ② e で終わっている単語は e を取って，ing をつける。make → making
   ③ 最後の文字の1つ前がアイウエオ（母音）の時，最後の文字を重ねて ing をつける。

Challenge!

1回目 [　　　] 点　2回目 [　　　] 点　3回目 [　　　] 点

☐ 4 次の文を過去進行形にしなさい。(各1点)

① I am watching TV.
② You are sleeping on the sofa.
③ My sister is playing tennis.
④ It is raining in Osaka.
⑤ Hiroshi and I are cooking lunch.

① I **was** watching TV.
② You **were** sleeping on the sofa.
③ My sister **was** playing tennis.
④ It **was** raining in Osaka.
⑤ Hiroshi and I **were** cooking lunch.

☐ 5 次の語を並べ替えて，意味の通る文にしなさい。(各1点)

① was / I / reading / a book / .
② you / eating / dinner / were / .
③ was / golf / playing / my father / .
④ snowing / was / in / it / Nagano / .
⑤ were / watching / Tom and I / a movie / .

① I was reading a book.
② You were eating dinner.
③ My father was playing golf.
④ It was snowing in Nagano.
⑤ Tom and I were watching a movie.

Self Check!!

- ☐ 過去進行形の形は, was / were ＋ 動詞の原形 ing であることがわかりましたか。
- ☐ was / were ＋ 動詞の原形 ing で，「〜していた」と訳すことがわかりましたか。

中学2年 すらすら英文法

過去進行形② 否定文　　　　氏名 _____

CanDo!

☐ **1** 過去進行形の否定文は，was / were の（①　）に（②　）を置く。

1　① 後ろ
　　② not

> I was 　　　 playing basketball.
> I was **not** playing basketball.

☐ **2** 次の語の短縮形は？
① was not　② were not

2
① wasn't　② weren't

Challenge!

1回目 [　　] 点　2回目 [　　] 点　3回目 [　　] 点

☐ **3** 次の文を否定文にしなさい。（各1点）

① I was running in the park.
② You were listening to the CD.
③ He was skiing.
④ Mami was taking a bath.
⑤ My cats were sleeping.

① I was **not** running in the park.
② You were **not** listening to the CD.
③ He was **not** skiing.
④ Mami **wasn't** taking a bath.
⑤ My cats **weren't** sleeping.

☐ **4** 日本語に合うように，語を並べ替えなさい。（各1点）

① 私たちは夕食を食べていませんでした。
　(not / we / were / having / dinner / .)
② 雨は降っていませんでした。
　(was / it / not / raining / .)
③ 私の姉妹は歌っていませんでした。
　(not/ singing / my sisters / were / .)
④ ボブは本を読んでいませんでした。
　(Bob / reading / wasn't / a book / .)
⑤ ケンと私はテレビを見ていませんでした。
　(weren't / Ken and I / watching / TV / .)

① We **were not** having dinner.
② It **was not** raining.
③ My sisters **were not** singing.
④ Bob **wasn't** reading a book.
⑤ Ken and I **weren't** watching TV.

Self Check!!

☐ 過去進行形の否定文の作り方がわかりましたか。

すらすら英文法 中学2年

過去進行形③　疑問文　　　氏名

CanDo!

☐ **1** 過去進行形の疑問文は，（①　）を前にもってきて，文の最後に（②　）をつける。

1　① be 動詞
　　② クエスチョン・マーク（?）

☐ **2** 答える時は，（　　）を使って答える。

2　be 動詞

> Taku **was** playing video games.
> **Was** Taku　playing video games?
> { Yes, he was.
> 　No, he wasn't.

Challenge!

1回目 [　　] 点　2回目 [　　] 点　3回目 [　　] 点

☐ **3** 次の文を疑問文にしなさい。（各1点）

① You were watching TV.　　　　　　① **Were** you watching TV?
② You were sleeping on the sofa.　　② **Were** you sleeping on the sofa?
③ Maki was playing the piano.　　　③ **Was** Maki playing the piano?
④ My sister was having breakfast.　④ **Was** my sister having breakfast?
⑤ They were swimming in the river.　⑤ **Were** they swimming in the river?

☐ **4** 次の疑問文に Yes，No の両方で答えなさい。（各1点）

① Were **you** playing sports?　　　　① Yes, **I** was. / No, I wasn't.
② Were **you and Tom** eating?　　　② Yes, **we** were. / No, we weren't.
③ Was **Yoshiko** cleaning the room?　③ Yes, **she** was. / No, she wasn't.
④ Was **your brother** driving a car?　④ Yes, **he** was. / No, he wasn't.
⑤ Were **the cats** running?　　　　　⑤ Yes, **they** were. / No, they weren't.

Self Check!!

☐ 過去進行形の疑問文の作り方と答え方がわかりましたか。

3 未来形を使った「すらすら英文法」

未来形の基本はずばり以下の通りである。

❶ will の後ろは動詞の原形になる。

次に、以下の4つにも触れたい。

❷ 疑問文は will を前にもってくるだけ。
❸ 否定文は will の後ろに not を置く。
❹ will not の短縮形は、won't となる。
❺ be going to ＋ 動詞の原形で、近い未来の予定を表す。

未来形の CanDo!

❶ 未来の文は、will を動詞の前に入れる
　 I　　 play tennis.　　　　　　　　（私はテニスをする）
　 I **will** play tennis tomorrow.　（私は明日、テニスをする**でしょう**）

❷ will の後ろは動詞の原形になる
　 Takeru　　 watches TV.　　　　　　　（たけるはテレビを見る）
　 Takeru **will** <u>watch</u>　 TV this evening.（たけるは今夜、テレビを見る**でしょう**）
　　　　　　　　↑ 動詞の原形

❸ 疑問文は will を前に置き、動詞は原形にする
　　　　 Tom will visit Hokkaido this summer.
　 Will Tom　　 visit Hokkaido this summer?　— Yes, he will. / No, he will not.

❹ 否定文は、will の後ろに not を入れる。また will not の短縮形は、won't となる
　 My father will　　　　　 go shopping in Tokyo.
　 My father **will not**（won't）go shopping in Tokyo.

❺ 未来形にはもう1つ、近い未来、確実な未来の予定である be going to も使う
　 I **am going to** play tennis tomorrow.　（私は明日テニスをするつもりだ）

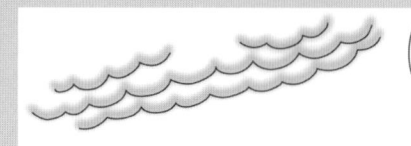

> It is going to rain.

中学2年 すらすら英文法

未来形① 肯定文　　　氏名

CanDo!

☐ 1　未来のことを言う時には，(　　) を使う。

1　will

☐ 2　will の後ろには，動詞の (　　) がくる。

2　原形

Maki makes a cake.
Maki **will make** a cake tonight.
（マキは今夜ケーキを作るでしょう）

☐ 3　I will の短縮形は，(①　　) となる。
　　　You will の短縮形は (②　　) である。

3　① I'll
　　② You'll

Challenge!

1回目 [　　] 点　　2回目 [　　] 点　　3回目 [　　] 点

☐ 4　次の文に (　　) 内の語をつけて，未来の文にしなさい。（各1点）

① I **study** math. (tonight)
② You **read** a book. (tomorrow)
③ She **sings** a song. (this evening)
④ The baby **sleeps**. (soon)
⑤ My sister **is** happy. (next year)

① I **will** study math tonight.
② You **will** read a book tomorrow.
③ She **will** sing a song this evening.
④ The baby **will** sleep soon.
⑤ My sister **will** be happy next year.

☐ 5　次の語を並べ替えて，意味の通る文にしなさい。（各1点）

① will / I / watch / tonight / TV / .
② listen / will / Ken / music / to / .
③ Bob / drink / milk / will / soon / .
④ go / Maki and I / shopping / will / .
⑤ rich / they / be / will / .

① I **will** watch TV tonight.
② Ken **will** listen to music.
③ Bob **will** drink milk soon.
④ Maki and I **will** go shopping.
⑤ They **will** be rich.

Self Check!!

☐ 未来の文にするには，will を使うことがわかりましたか。
☐ will の後ろには，動詞の原形がくることがわかりましたか。

中学2年 すらすら英文法

未来形②　否定文　　　氏名

CanDo!

☐ 1　未来形の否定文は, will の（①　）に（②　）を入れるだけ。

☐ 2　will not の短縮形は,（　　）となる。

1　① 後ろ
　　② not

2　won't

| Kenji **will** meet Lucy. |
| Kenji **will** **not** meet Lucy. |
| 　　（**won't**） |

Challenge!

1回目 [　　] 点　2回目 [　　] 点　3回目 [　　] 点

☐ 3　次の文を否定文にしなさい。(各1点)

① I **will** call you tonight.
② You **will** visit Kyoto this summer.
③ Koji **will** get up early tomorrow.
④ Mary and I **will** go fishing.
⑤ My father **will** be a winner.

① I **will not** call you tonight.
② You **won't** visit Kyoto this summer.
③ Koji **won't** get up early tomorrow.
④ Mary and I **will not** go fishing.
⑤ My father **will not** be a winner.

☐ 4　日本語に合うように，語を並べ替えなさい。(各1点)

① 私は今夜勉強しないでしょう。
　(will / I / study / not / tonight / .)
② 彼女は英語では話さないでしょう。
　(not / she / talk / will / in English / .)
③ ケンは質問しないでしょう。
　(Ken / ask / will / a question / not / .)
④ マイは今夜お風呂に入らないでしょう。
　(take a bath / Mai / won't / tonight / .)
⑤ 私の姉は数学を教えないでしょう。
　(my / teach / sister / won't / math / .)

① I **will not** study tonight.
② She **will not** talk in English.
③ Ken **will not** ask a question.
④ Mai **won't** take a bath tonight.
⑤ My sister **won't** teach math.

Self Check!!

☐ will の後ろに not を入れると否定文になることがわかりましたか。

中学2年 すらすら英文法

未来形③　疑問文　　氏名

CanDo!

☐ 1　未来形の疑問文は，(①　　)を先頭にもってきて，最後に(②　　)をつける。

☐ 2　答える時は(　　　)を使う。

1　① will
　② クエスチョン・マーク (?)

2　will または will not (won't)

> Maiko **will** sing songs.
> **Will** Maiko sing songs?
> { Yes, she **will**.
> { No, she **won't**.

Challenge!

1回目 [　　] 点　　2回目 [　　] 点　　3回目 [　　] 点

☐ 3　次の文を疑問文にしなさい。(各1点)

① You **will** meet Ken at the station.
② You **will** do your homework soon.
③ Sayuri **will** buy some clothes.
④ You and Mao **will** *join the game.
⑤ The dog **will** catch the snake.

① **Will** you meet Ken at the station?
② **Will** you do your homework soon?
③ **Will** Sayuri buy some clothes?
④ **Will** you and Mao join the game?
⑤ **Will** the dog catch the snake?

☐ 4　次の質問に Yes, No の両方で答えなさい。

① Will **you** go to bed before 9:00?
② Will **you** write a diary tonight?
③ Will **Ken** *win the tennis match?
④ Will **Mary and Jim** *get married?
⑤ Will **you and Smith** go to SKY TREE?

① Yes, **I** will. / No, I won't.
② Yes, **I** will. / No, I won't.
③ Yes, **he** will. / No, he won't.
④ Yes, **they** will. / No, they won't.
⑤ Yes, **we** will. / No, we won't.

*join (ジョイン) 参加する　　*win (ウィン) 勝つ　　*get married (ゲット・マリッド) 結婚する

Self Check!!

☐ 未来形の疑問文の作り方と答え方がわかりましたか。

中学2年 すらすら英文法

未来形④　be going to　　氏名

CanDo!

- [ ] 1　近い未来や確実性のある未来の予定を言う時には（　　）を使う。
- [ ] 2　be going to の be には,（①　　）が入る。また, be going to の後ろには,（②　　）がくる。

1　be going to

2　① be 動詞（is / am / are）
　　② 動詞の原形

Maki 　　　　　 eat**s** the cake.
Maki **is going to** eat　the cake.
（マキはケーキを食べるつもりだ）

Challenge!

1回目 [　　] 点　2回目 [　　] 点　3回目 [　　] 点

- [ ] 3　次の文を, be going to を使って未来の文にしなさい。（各1点）

① I clean my room.
② You send an e-mail.
③ My mother drinks tea.
④ My father washes his car.
⑤ It rains.

① I **am going to** clean my room.
② You **are going to** send an e-mail.
③ My mother **is going to** drink tea.
④ My father **is going to** wash his car.
⑤ It **is going to** rain.

- [ ] 4　次の語を並べ替えて, 意味の通る文にしなさい。（各1点）

① am / I / sing / going / songs / to / .
② play / shogi / going / am / to / I / .
③ Bob / buy / going / to / is / this / .
④ see/ going / the movie / I'm / to/ .
⑤ going / she / is / to / eat / lunch / .

① I **am going to** sing songs.
② I **am going to** play shogi.
③ Bob **is going to** buy this.
④ **I'm going to** see the movie.
⑤ She **is going to** eat lunch.

Self Check!!

- [ ] 近い未来や確実性のある未来では, be going to を使うこと, また, 主語によって, be 動詞が変わるということがわかりましたか。

中学2年 すらすら英文法

未来形⑤　be going to の疑問文・否定文　　氏名

CanDo!

□**1** be going to の疑問文は，be 動詞を（①　）にもってきて，最後に（②　）をつける。

1　①前　②クエスチョン・マーク（?）

> Maki **is going to** eat the cake.
> **Is** Maki **going to** eat the cake**?**
> { Yes, she **is**.
> { No, she **isn't**.

□**2** be going to の否定文は，（①　）の後ろに（②　）を入れる。

2　①be 動詞（is / am / are）　②not

> Maki is 　　going to eat the cake.
> Maki is **not** going to eat the cake.

Challenge!

1回目[　　　]点　2回目[　　　]点　3回目[　　　]点

□**3**　次の文を疑問文にしなさい。（各1点）

① You are going to study English.
② You are going to run a marathon.
③ He is going to make a speech.
④ She is going to become a doctor.
⑤ It is going to rain tonight.

① **Are** you **going to** study English?
② **Are** you **going to** run a marathon?
③ **Is** he **going to** make a speech?
④ **Is** she **going to** become a doctor?
⑤ **Is** it **going to** rain tonight?

□**4**　次の文を否定文にしなさい。（各1点）

① I **am** going to join the game.
② I **am** going to go shopping.
③ Aki **is** going to buy some CDs.
④ My friends **are** going to be rich.
⑤ It **is** going to be cold tomorrow.

① I **am not** going to join the game.
② I **am not** going to go shopping.
③ Aki **is not** going to buy any CDs.
④ My friends **aren't** going to be rich.
⑤ It **isn't** going to be cold tomorrow.

Self Check!!

□ be going to の疑問文，否定文がわかりましたか。

Chapter 2 中学 2 年で身につけたい すらすら英文法

4 be 動詞の命令文を使った「すらすら英文法」

中学 1 年で命令文を学習する。命令文の基本は，

> 主語を取って，動詞は原形で始める

ということである。
　これは be 動詞の命令文でも同様である。
　しかし，生徒の中には Be a good boy.（いい子でいなさい）などのように，be がなぜそのような形で使われるのか，理解していない生徒もいるのではないだろうか。
　そこを理解させるワークシートとなる。

be 動詞の命令文の CanDo!

命令文は**主語を取って，動詞は原形**になる。
〈一般動詞〉
~~You~~ play the piano.
　　　↓
　　Play the piano. （ピアノを弾きなさい）
　　　＊動詞は原形
〈be 動詞〉
~~You~~ are kind to old people.
　　　↓
　　Be kind to old people. （お年寄りに親切にしなさい）
　　　＊動詞は原形

原理は同じ！

be動詞の命令文

氏名 _____

CanDo!

□ 1 命令文の作り方は，(①　　)を取って，動詞は(②　　)にする。

1　① 主語　② 原形

> ~~You~~ **are** kind to the others.
> 　　**Be** kind to the others.
> （他の人に優しくしなさい）

□ 2 否定の命令文は，(　　　)を先頭にもってくる。

2　don't

> ~~You~~　**are** not shy.
> Don't **be** shy.
> （恥ずかしがらないで）

Challenge!

1回目[　　　]点　2回目[　　　]点　3回目[　　　]点

□ 3 次の文を命令文にしなさい。(各1点)

① You are kind to others.
② You are careful.
③ You are a good boy.
④ You are quiet.
⑤ You are not *silly.

① **Be** kind to others.
② **Be** careful.
③ **Be** a good boy.
④ **Be** quiet.
⑤ Don't **be** silly.　*silly（シリー）愚かな

□ 4 語を並べ替えて，意味の通る文にしなさい。ただし1つ不要な語があります。(各1点)

① nice / you / be / .
② kind / be / you / old people / to / .
③ a / you / kind / be / student / .
④ be / shy / don't / you / .
⑤ *noisy / don't / you / be / .

① **Be** nice.
② **Be** kind to old people.
③ **Be** a kind student.
④ Don't **be** shy.
⑤ Don't **be** noisy.　*noisy（ノイジー）うるさい

Self Check!!

□ be動詞の命令文や，否定の命令文の仕組みがわかりましたか。

Chapter 2 中学2年で身につけたい すらすら英文法

5 助動詞を使った「すらすら英文法」

中学で習う主な助動詞は，① may ② will ③ shall ④ must ⑤ should，そして中1で学習した⑥ can である。それぞれの助動詞は，使われる形で覚えさせるとよいだろう。

---

❶ 助動詞の後ろには動詞の原形がくる。
❷ 自分がしたい時は，May I ～?
　　人に頼む時は，Will you ～?
　　自分が相手にしてあげようと思う時は，Shall I ～? など使い方を示す。
❸ 言い換え表現を教える。（例）　**You must not** come here.＝ **Don't** come here.

助動詞 の CanDo!

❶ may（～してもよい）
　You may go.（行ってもよい）
　May I go?（行ってもよいですか）
　　― Sure. All right. Yes, you may. / No, you may not.

❷ Will you ～?（～してくれませんか）
　Will you come here?（こっちに来てくれませんか）
　　― Sure. Yes, I will. / Sorry, I'm busy.

❸ Shall I ～?（～しましょうか）
　Shall I help you?（お手伝いしましょうか）
　　― Yes, please. / No, thank you.

❹ must（～しなければならない）
　You must come here.（君はここに来なければいけない）
　Must I finish my homework by tomorrow?
　（明日までに宿題を終わらせなければいけませんか）
　　― Yes, you must. / No, you don't have to.

❺ should（～すべきだ）
　You should clean your room.（君は部屋をきれいにすべきだ）
　Should I finish this by tomorrow?（明日までにこれを仕上げた方がいいでしょうか）

中学2年 すらすら英文法

助動詞① may　　　氏名

CanDo!

- □ 1　may は, (①　　) という意味と (②　　) の2つがある。
- □ 2　May I ～? は, (　　　) という意味になる。

1　① ～してもよい
　　② ～かも知れない
2　～してもいいですか

> You **may** sit down.
> (あなたは座ってもよい)
> Takashi **may** be sleepy.
> (貴志は眠いのかも知れない)
> **May** I come in?
> (入ってもいいですか)

Challenge!

1回目 [　　] 点　2回目 [　　] 点　3回目 [　　] 点

□ 3　次の文を「～してもよい」「～かも知れない」という文にしなさい。(各1点)

① You come here.
② You go to bed.
③ Do I open the window?
④ Ken is tired.
⑤ It is rainy in Tokyo.

① You **may** come here.
② You **may** go to bed.
③ **May** I open the window?
④ Ken **may** be tired.
⑤ It **may** be rainy in Tokyo.

□ 4　次の語を並べ替えて, 意味の通る文にしなさい。(各1点)

① eat / you / here / may / .
② shopping / you / go / now / may / .
③ I / may / home / go / now / ?
④ English / be / may / interesting / .
⑤ may / take / I / pictures / in here / ?

① You **may** eat here.
② You **may** go shopping now.
③ **May** I go home now?
④ English **may** be interesting.
⑤ **May** I take pictures in here?

Self Check!!

□ 助動詞 may の意味や使い方がわかりましたか。

中学2年 すらすら英文法

助動詞②　Will you 〜?　　　氏名

CanDo!

- [ ] 1　will は，（　　）という未来を表す助動詞である。
- [ ] 2　Will you 〜? というと，（　　）という意味になり，**人に頼む言い方**になる。

1　〜するでしょう

2　〜してくれませんか

> Will you come here?
> （こっちに来てくれませんか）
> 　− Sure. ／ All right.
> 　− Sorry, I can't.

Challenge!

1回目 [　　] 点　2回目 [　　] 点　3回目 [　　] 点

- [ ] 3　次の文を「〜してくれませんか」というお願いする文にしなさい。（各1点）

① You come here.　　　　　　　　　① **Will you** come here?
② You sing a song.　　　　　　　　 ② **Will you** sing a song?
③ You finish this by tomorrow.　　③ **Will you** finish this by tomorrow?
④ You open the door.　　　　　　　④ **Will you** open the door?
⑤ You teach English to me.　　　　⑤ **Will you** teach English to me?

- [ ] 4　次の語を並べ替えて，意味の通る文にしなさい。（各1点）

① say / you / that / will / again / ?　　　　① **Will you** say that again?
② take / will / you / a picture / ?　　　　　② **Will you** take a picture?
③ close / you / will / window / the / ?　　 ③ **Will you** close the window?
④ you / piano / the / will / play / ?　　　　④ **Will you** play the piano?
⑤ will / carry / you / this box / ?　　　　　⑤ **Will you** carry this box?

Self Check!!

- [ ] 助動詞 will の意味や使い方がわかりましたか。

中学2年 すらすら英文法

助動詞③　Shall I ～?　　　氏名

CanDo!

□ 1　Shall I ～? で,（　　　）という意味になり, **自分が相手に何かしてあげる時に使う言い方**である。

1　～しましょうか

> **Shall I** help you?
> － Yes, please. Thank you.
> － No, thank you.

□ 2　Shall we ～? は（①　　　）という意味になり, **人を誘う時の表現**となる。Shall we～?を, 1語で言うと,（②　　　）となる。

2　①～しませんか　②Let's

> **Shall we** dance?
> **Let's**　　dance.

Challenge!
1回目[　　]点　2回目[　　]点　3回目[　　]点

□ 3　次の文を「～しましょうか」「～しましょう」という文にしなさい。（各1点）

① I bring your bag.
② I wash the dishes.
③ I read a book for the baby.
④ We dance.
⑤ We sing a song.

① **Shall I** bring your bag?
② **Shall I** wash the dishes?
③ **Shall I** read a book for the baby?
④ **Shall we** dance?
⑤ **Shall we** sing a song?

□ 4　次の語を並べ替えて, 意味の通る文にしなさい。（各1点）

① you / I / shall / help / ?
② carry / shall / this bag / I / ?
③ the door / I / shall / open / ?
④ we / play / shall / tennis / now / ?
⑤ shall / a DVD / watch / we / ?

① **Shall I** help you?
② **Shall I** carry this bag?
③ **Shall I** open the door?
④ **Shall we** play tennis now?
⑤ **Shall we** watch a DVD?

Self Check!!
□ 助動詞 shall の意味や使い方がわかりましたか。

すらすら英文法 中学2年

助動詞④ must　　氏名

CanDo!

☐ 1　must は，(①　　　)という意味と(②　　　)の2つの意味がある。

☐ 2　must の次は動詞の(①　　　)がくる。疑問文は must を(②　　　)にもってくる。

1　① 〜しなくてはいけない
　② 〜にちがいない

2　① 原形　② 前

> You **must** clean your room.
> (君は部屋を掃除しなくてはいけない)
> Takeshi **must be tired**.
> (タケシは疲れているに違いない)

☐ 3　must と同じ意味を，2語で言うと？
☐ 4　don't have to〜の意味は？
☐ 5　You must not〜の意味は？
☐ 6　You must not を1語で言うと？

3　have to
4　〜する必要はない
5　〜してはいけない
6　Don't

Challenge!

1回目 [　　　]点　2回目 [　　　]点　3回目 [　　　]点

☐ 7　次の文を must を入れて書き換えなさい。(各1点)

① I study English every day.
② You cook dinner today.
③ Yui goes shopping this Sunday.
④ We dance in the P.E. class.
⑤ Kenji is sleepy.

① I **must** study English every day.
② You **must** cook dinner today.
③ Yui **must** go shopping this Sunday.
④ We **must** dance in the P.E. class.
⑤ Kenji **must** be sleepy.

☐ 8　次の語を並べ替えて，意味の通る文にしなさい。(各1点)

① must / I / get up / early / .
② you / listen / must / to / the music / .
③ finish / I / must / this homework / ?
④ the room / must / you / clean / ?
⑤ must / be / it / a UFO / .

① I **must** get up early.
② You **must** listen to the music.
③ **Must** I finish this homework?
④ **Must** you clean the room?
⑤ It **must** be a UFO.

Self Check!!

☐ 助動詞 must の意味や使い方がわかりましたか。

中学2年 すらすら英文法

助動詞⑤　should　　　　氏名

CanDo!

- ☐ 1　助動詞 should の意味は？
- ☐ 2　should の後ろは動詞の（　）がくる。
- ☐ 3　疑問文は, should を（　）にもってくる。

1　〜すべきだ
2　原形
3　前

> You **should** visit Kyoto.
> （京都に行ったほうがいいよ）
> **Should** I do it now?
> （今, それをやった方がいいかな？）
> 　− Of course. You should.
> 　− You don't have to.

Challenge!

1回目［　　］点　2回目［　　］点　3回目［　　］点

☐ 4　次の文を should を使って「〜すべきだ」という文にしなさい。（各1点）

① You go to see a doctor.
② You finish your homework.
③ Ken cleans the room.
④ We talk quietly here.
⑤ Do I stay in this room?

① You **should** go to see a doctor.
② You **should** finish your homework.
③ Ken **should** clean the room.
④ We **should** talk quietly here.
⑤ **Should** I stay in this room?

☐ 5　次の語を並べ替えて, 意味の通る文にしなさい。（各1点）

① should / early / I / go to bed / ?
② talk / you / should / with / Mari / .
③ finish / I / should / my lunch / ?
④ he / go / should / by himself / ?
⑤ should / read / Miki / a newspaper / .

① **Should** I go to bed early?
② You **should** talk with Mari.
③ **Should** I finish my lunch?
④ **Should** he go by himself?
⑤ Miki **should** read a newspaper.

Self Check!!

☐ 助動詞 should の意味や使い方がわかりましたか。

Chapter 2 中学2年で身につけたい すらすら英文法

6 There is / are を使った「すらすら英文法」

There is / There are で教えなくてはいけないことは次の4点である。

❶ 1つの時は，There is ～. を使い，2つ以上の時は，There are ～ -s. となる。
❷ 否定文の時は，
　単数　There is not ～．
　複数　There are not any -s. または，There are no -s. となる。
❸ 疑問文の時は，
　単数　Is there a ～?
　複数　Are there any -s? の形となる。
❹ 答える時は，Yes, there is. または，No, there aren't. と答える。

特に，どんな時に単数を使って，どんな時に複数になるのか，おおよそ説明しておきたい。

There is / are の CanDo!

❶ 1つの時は，There is ～．で，2つ以上の場合は，There are ～ -s. となる
　（例）There **is**　　an apple on the table.
　　　　There **are** two apples on the table.

　　　　　There are two apples.　　　　　There is an apple.

❷ 否定文では，not any -s. で「1つも～ない」となる
　（例）There **is**　　　a piano in my house.
　　　　There **is not** a piano in my house.（私の家には，ピアノがない）
　　　　There **are** some　　apples on the table.
　　　　There **are not any** apples on the table.
❸ 疑問文では，be 動詞を前にもってくる
　〈単数〉　　　　　　　　　　　　　　　〈複数〉
　There is a piano in my house.　　　　There **are** <u>some</u> dog**s** in the box.
　Is there　a piano in my house?　　　**Are** there　<u>any</u>　dog**s** in the box?
　　— Yes, **there is.** / No, **there isn't.**　　— Yes, **there are.** / No, **there aren't.**

すらすら英文法 中学2年

There is / are ①　肯定文　　氏名

CanDo!

☐ 1 「〜がある」と言う時に，あるものが1つ（単数）の時には（①　），2つ以上（複数）の時には（②　）を使う。

1　① There is　② There are

> **There is** a desk in my room.
> （私の部屋に1つ机がある）
> **There are** two desk**s** in my room.
> （私の部屋に2つ机がある）

Challenge!

1回目 [　　] 点　2回目 [　　] 点　3回目 [　　] 点

☐ 2 適切なbe動詞を（　　）内に入れなさい。（各1点）

① There (　) a dog under the desk.　　① is
② There (　) a computer in my room.　② is
③ There (　) two apples in the box.　　③ are
④ There (　) many animals in Africa.　　④ are
⑤ There (　) some cats on the bed.　　⑤ are

☐ 3 日本語に合うように，語を並べ替えなさい。（各1点）

① テーブルの上にカバンが1つある。
(is / a bag / on the table / there / .)
① **There is** a bag on the table.

② 箱の中に2本ペンがある。
(in the box/ are / there / two pens / .)
② **There are** two pens in the box.

③ 公園に6人の男の子がいる。
(there / six boys / are / in the park / .)
③ **There are** six boys in the park.

④ イスの下に帽子が1つある。
(a hat / is / there / under the chair / .)
④ **There is** a hat under the chair.

⑤ 車のそばに犬が1匹いる。
(by / is / a dog / the / car / there / .)
⑤ **There is** a dog by the car.

Self Check!!

☐ どういう時にThere isを使い，どういう時にThere areになるかわかりましたか。

すらすら英文法 中学2年

There is / are ② 否定文　　氏名

CanDo!

☐ 1　There is / are の否定文は（①　）の後ろに（②　）を入れる。

1　① be動詞
　　② not

☐ 2　some がある場合は, some を（　）に変える。

2　any

> There **is not a** cat in the box.
> There **are not any** cats in the box.

☐ 3　There is (①　)～. や, There are (②　) -s. で, 否定文を表すことができる。

3　① no　② no

> There **is no** zoo in this town.
> There **are no** cat**s** in this town.

Challenge!

1回目 [　　] 点　2回目 [　　] 点　3回目 [　　] 点

☐ 4　次の文を否定文にしなさい。（各1点）

① There **is** a cat under the tree.　　① There **is not** a cat under the tree.
② There **is** a girl in the bus.　　② There **isn't** a girl in the bus.
③ There **are** two TVs in my room.　　③ There **aren't** two TVs in my room.
④ There **are some** parks in my town.　　④ There **aren't any** parks in my town.
⑤ There **are some** pens in the desk.　　⑤ There **aren't any** pens in the desk.

☐ 5　次の語を並べ替えて, 意味の通る文にしなさい。（各1点）

① in the box / is / there / not / a cup / .　　① There **is not** a cup in the box.
② isn't / a / on / there / cat / the tree / .　　② There **isn't** a cat on the tree.
③ there / any / boys / aren't / at school / .　　③ There **aren't any** boys at school.
④ there / is / river / no / in my town / .　　④ There **is no** river in my town.
⑤ no / are / there / in / pens / my bag / .　　⑤ There **are no** pens in my bag.

Self Check!!

☐ There is / are の否定文の仕組みがわかりましたか。

中学2年 すらすら英文法

There is / are ③ 疑問文　　氏名

CanDo!

☐ 1 　There is / There are の疑問文は、（① 　）を前にもってきて、最後に（② 　）をつける。

1 　① be 動詞
　　② クエスチョン・マーク（？）

☐ 2 　答える時は、（ 　）を使って答える。

2 　be 動詞

> There **is** a bed in your room.
> **Is** there a bed in your room**?**
> { Yes, there is.
> { No, there isn't.

☐ 3 　some がある場合は、some を（ 　）に変えて疑問文にする。

3 　any

> There **are** **some** cat**s** in the box.
> **Are** there **any** cat**s** in the box**?**
> { Yes, there are.
> { No, there aren't.

Challenge!

1回目 [　] 点　2回目 [　] 点　3回目 [　] 点

☐ 4 　次の文を疑問文にしなさい。（各2点）

① There is a book on the desk.
② There is a cat under the car.
③ There are 10 schools in this town.
④ There are some cups on the table.
⑤ There are some TVs in your house.

① **Is** there a book on the desk?
② **Is** there a cat under the car?
③ **Are** there 10 schools in this town?
④ **Are** there **any** cups on the table?
⑤ **Are** there **any** TVs in your house?

Self Check!!

☐ There is / are の疑問文の作り方とその答え方がわかりましたか。

Chapter 2 中学2年で身につけたい すらすら英文法

7 不定詞を使った「すらすら英文法」

不定詞，動名詞では，次のことを最低文法事項として，押さえたい。

❶ to ＋ 動詞の原形で，3つの意味がある。
　名詞的用法 ……「〜すること」
　副詞的用法 ……「〜するために」
　形容詞的用法 …「〜するための」
❷ want to 〜で，「〜したい」と訳す。
❸ 名詞的用法の「〜すること」は，動名詞（〜ing）でも言い換えることができる。
❹ finish（〜するのを終える），enjoy（〜するのを楽しむ），stop（〜するのをやめる）
　という時は，不定詞は使えず，動名詞しか使えない。

不定詞の CanDo!

❶「to＋動詞の原形」で3つの意味がある
　I like **to sleep**.　　（私は**寝ること**が好きです）
　I went to my room **to sleep**.　　（私は**寝るために**部屋に行った）
　I have no time **to sleep**.　　（私は**寝るための**時間がない）

　　意味が定まっていないから，不定詞って言うんだね。

❷ want to 〜 で，「〜したい」と訳す
　I **want to** be a teacher in the future.
　（〜したい）　なる ＋ したい ＝ なりたい
❸ 動名詞（〜ing）も「〜すること」という意味になる
　I like **to sleep**.　　（私は**寝ること**が好きです）
　I like **sleeping**.　　（私は**寝ること**が好きです）
❹ 次の動詞の時には，不定詞（ to ＋ 動詞の原形）は使えず，動名詞（〜ing）だけ使う
　・finish（〜するのを終える）　　I finished washing my bike.
　・enjoy（〜するのを楽しむ）　　I enjoyed washing my bike.
　・stop（〜するのをやめる）　　I stopped washing my bike.

すらすら英文法 中学2年

不定詞①　名詞的用法　　氏名

CanDo!

☐ 1　不定詞の形は？
☐ 2　不定詞の名詞的用法の意味は？
☐ 3　名詞的用法の「to + 動詞の原形」は，(　　　) にもなる。

1　to + 動詞の原形
2　〜すること
3　主語

He　　　　plays the piano.
He likes **to play** the piano.
　　　　　↑動詞の原形
To play the piano is fun.
ピアノを**弾くこと**は（＝主語）

☐ 4　「want to + 動詞の原形」は特別に，(　　　) と訳す。

4　〜したい

Challenge!

1回目 [　　] 点　2回目 [　　] 点　3回目 [　　] 点

☐ 5　次の文を日本語に訳しなさい。（各1点）

① I like **to play** basketball.
② Do you like **to read** books?
③ Tom likes **to listen** to music.
④ What do you like **to do**?
⑤ **To sing** songs is fun for me.

① 私はバスケを**すること**が好きです。
② あなたは本を**読むこと**が好きですか。
③ トムは音楽を**聞くこと**が好きです。
④ あなたは何を**すること**が好きですか。
⑤ 歌を**歌うこと**は私にとって楽しい。

☐ 6　次の語を並べ替えて，意味の通る文にしなさい。（各1点）

① like / I / to / study / English / .
② want / I / go to / to / Canada / .
③ Ken / wants / a pilot / to / be / .
④ does / Mai / what / like / do / to / ?
⑤ cook / to / is / interesting / very / .

① I like **to study** English.
② I want **to go** to Canada.
③ Ken wants **to be** a pilot.
④ What does Mai like **to do**?
⑤ **To cook** is very interesting.

Self Check!!

☐ 不定詞の名詞的用法の意味や語順がわかりましたか。

中学2年 すらすら英文法

不定詞②　副詞的用法　　　氏名

CanDo!

☐ 1　不定詞の形は？
☐ 2　不定詞の副詞的用法の意味は？

1　to ＋ 動詞の原形
2　～するために

> I went to the park **to run**.
> （私は**走るために**公園に行った）

Challenge!　1回目[　　]点　2回目[　　]点　3回目[　　]点

☐ 3　次の文を日本語に訳しなさい。（各1点）

① I went to the park **to play** tennis.
② I'll go to the U.S. **to meet** my aunt.
③ Did you go to Italy **to study** music?
④ Tom stays home **to help** his mother.
⑤ Where did you go **to buy** this CD?

① 私はテニスを**するために**公園に行った。
② 私は叔母に**会うために**アメリカに行く。
③ 音楽を**学ぶために**イタリアに行ったの？
④ トムは母の**手伝いをするために**家にいる。
⑤ この CD を**買うために**どこに行ったの？

☐ 4　次の語を並べ替えて，意味の通る文にしなさい。（各1点）

① will / my / to / study / English / to / go / Australia / brother / .
② use / a computer / to / I / send / an e-mail / .
③ Ken / at school / stayed / to / with / talk / his teacher / .
④ will / go / Mai / sing songs / where / to / ?
⑤ Santa / to / give / his present / came / to / my house / yesterday / .

① My brother will go to Australia **to study** English.
② I use a computer **to send** an e-mail.
③ Ken stayed at school **to talk** with his teacher.
④ Where will Mai go **to sing** songs?
⑤ Santa came to my house **to give** his present yesterday.

Self Check!!

☐ 不定詞の副詞的用法の意味や語順がわかりましたか。

中学2年 すらすら英文法

不定詞③　形容詞的用法　　　　　氏名

CanDo!

- ☐ 1　不定詞の形は？
- ☐ 2　不定詞の形容詞的用法の意味は？
- ☐ 3　形容詞的用法を使って言えますか？
  - ① 食べもの
  - ② 飲みもの
  - ③ 寝るための時間
  - ④ やるべきこと
  - ⑤ 訪れるべき場所

1　to + 動詞の原形
2　～するための
3
  ① something to eat
  ② something to drink
  ③ time to sleep
  ④ things to do
  ⑤ a place to visit

Challenge!　1回目[　　]点　2回目[　　]点　3回目[　　]点

☐ 4　次の文を日本語に訳しなさい。(各1点)

① It's time **to get up**, Ken!
② Do you want something **to drink**?
③ I have a lot of things **to do** today.
④ There are many places **to visit**.
⑤ I need something **to write** with.

① ケン！　起きる時間よ。
② あなたは何か飲みものが欲しいですか。
③ 私には今日やることがたくさんある。
④ たくさんの行くところがある。
⑤ 私には書くためのものが必要です。

☐ 5　次の語を並べ替えて，意味の通る文にしなさい。(各1点)

① no / I / had / to / study / time / .
② eat / time / is / to / lunch / it / .
③ I / something / have / to / eat / .
④ Kyoto / many / to / places / visit / has / .
⑤ buy / the CD / didn't / I / enough / money / to / have / .

① I had no time **to study**.
② It is time **to eat** lunch.
③ I have something **to eat**.
④ Kyoto has many places **to visit**.
⑤ I didn't have enough money **to buy** the CD.

Self Check!!

☐ 不定詞の形容詞的用法の意味や語順がわかりましたか。

Chapter 2 中学2年で身につけたい すらすら英文法

8 動名詞を使った「すらすら英文法」

動名詞では，次のことを最低文法事項として，押さえたい。

❶ 動詞＋ing で「～すること」という意味になり，不定詞の名詞的用法と言い換えることができる。
❷ ただし，
　finish（～するのを終える）
　enjoy（～するのを楽しむ）
　stop（～するのをやめる）
　などの語では，不定詞は使えず，動名詞しか使えない。
❸ ing のつけ方には主に3つのルールがある。
　・そのままつける。
　・e で終わっている語は，e を取って ing をつける。
　・最後の文字の1つ前が母音の時は，最後の文字を重ねて ing をつける。

動名詞の CanDo!

❶ 動名詞（～ing）も「～すること」という意味になる
　I like **to sleep**.（私は**寝ること**が好きです）
　＝ I like sleep**ing**.（私は**寝ること**が好きです）
❷ 動名詞は，主語にもなる
　I like play**ing** the guitar.（私はギターを**弾くこと**が好きです）
　Play**ing** the guitar is my hobby.（ギターを**弾くこと**は私の趣味です）
❸ 次の動詞の時には，不定詞（to＋動詞の原形）は使えず，動名詞（～ing）だけ使う
　・finish（～するのを終える）　　I finished washing my bike.
　・enjoy（～するのを楽しむ）　　I enjoyed washing my bike.
　・stop（～するのをやめる）　　　I stopped washing my bike.

中学2年 すらすら英文法

動名詞　　　　　　　　　氏名

CanDo!

- □ 1　動名詞の形は？
- □ 2　動名詞の意味は？
- □ 3　動名詞は（　　）にもなる。
- □ 4　ing のつけ方の3つのルールは？

1　動詞 + ing
2　〜すること
3　主語
4　① そのままつける。
　　　study → studying
　② e で終わっている単語は e を取って ing をつける。make → making
　③ 最後の文字の1つ前が母音（アイウエオの音）の時，最後の文字を重ねて ing をつける。
　　　swim → swimming

Challenge!

1回目［　　　］点　2回目［　　　］点　3回目［　　　］点

□ 5　次の文を日本語に訳しなさい。（各1点）

① I like **playing** baseball.
② Do you like **listening** to music?
③ My hobby is **cooking**.
④ What do you like **doing**?
⑤ **Singing** songs is fun for me.

① 私は野球を**すること**が好きです。
② あなたは音楽を**聞くこと**が好きですか。
③ 私の趣味は**料理をすること**です。
④ あなたは何を**すること**が好きですか。
⑤ 歌を**歌うこと**は私にとって楽しい。

□ 6　次の語を並べ替えて，意味の通る文にしなさい。（各1点）

① like / I / studying / English / .
② don't / I / singing / like / songs / .
③ hobby / is / books / my / reading / .
④ father / swimming / likes / my / .
⑤ believing / is / seeing / .

① I like **studying** English.
② I don't like **singing** songs.
③ My hobby is **reading** books.
④ My father likes **swimming**.
⑤ **Seeing** is **believing**.
　（ことわざ：百聞は一見にしかず）

Self Check!!

□ 動名詞の意味や語順がわかりましたか。

9 受け身を使った「すらすら英文法」

受け身の基本は，次の4つである。

> ❶ be 動詞＋動詞の過去分詞で「～される」という意味になる。
> ❷ 受け身の否定文は，be 動詞の後ろに not を置く。
> ❸ 受け身の疑問文は，be 動詞を前に置き，最後にクエスチョン・マークをつける。
> ❹ 答える時は，be 動詞を使う。

を身につけること。
　これらができることが，受け身の Can Do になる。

受け身のCanDo!

❶ be 動詞＋動詞の過去分詞 で「～される」という意味になる
　English **is spoken** in many countries.
　　　　（話される）

❷ 「…によって～される」という時は，be 動詞 ＋ 過去分詞 ＋ by になる
　This song **is sung by** young boys.
　　　　（…によって歌われる）

❸ 受け身の過去形は，be 動詞を過去形にする
　This song **was sung by** young boys.
　　　　（…によって歌われた）

❹ 否定文は，be 動詞の後ろに not を置くだけ
　This picture **was**　　　taken in Australia.
　This picture **was not** taken in Australia.

❺ 疑問文は，be 動詞を前にもってきて，クエスチョン・マークをつける
　　　　This picture **was** drawn by Picasso.
　Was this picture　　　drawn by Picasso**?**
　　{ Yes, it **was**.
　　{ No, it **wasn't**.

中学2年 すらすら英文法

受け身① 肯定文　　　氏名

CanDo!

- □ 1　受け身は，（①　　）＋（②　　）となる。
- □ 2　「〜によって」は，（　　）を使う。
- □ 3　受け身の過去形は，（　　）を過去形にする。

1　① be動詞　② 動詞の過去分詞
2　by
3　be動詞

> This song **is** sung by him.
> 　　　歌われる
> This song **was** sung by him.
> 　　　歌われた

- □ 4　by の次の代名詞は，（　　）がくる。

4　目的格（me/you/him/her/us/ など）

Challenge!

1回目 [　　] 点　2回目 [　　] 点　3回目 [　　] 点

- □ 5　次の文を日本語に訳しなさい。（各1点）
  ① This book **is read** by many people.　　① この本は多くの人によって読まれている。
  ② English **is spoken** in many countries.　② 英語は多くの国で話されている。
  ③ This picture **was taken** in Okinawa.　　③ この写真は沖縄で撮られた。
  ④ Cricket **is played** in Australia.　　　④ クリケットはオーストラリアでされる。
  ⑤ Sushi **is eaten** in many places now.　⑤ 寿司は現在，多くの場所で食べられる。

- □ 6　次の語を並べ替えて，意味の通る文にしなさい。（各1点）
  ① this car / is / Yukiko / by / used / .　　① This car **is used** by Yukiko.
  ② studied / English / is / in / Japan / .　② English **is studied** in Japan.
  ③ was / picture / drawn / by / this / me / .　③ This picture **was drawn** by me.
  ④ Kyoto / many / by / is / visited / people / every year / .　④ Kyoto **is visited** by many people every year.
  ⑤ Maiko / this CD / bought / by / was / .　⑤ This CD **was bought** by Maiko.

Self Check!!

- □ 受け身は「be動詞＋動詞の過去分詞」となり，「〜される」と訳すことがわかりましたか。

中学2年 すらすら英文法

受け身② 否定文　　　氏名

CanDo!

☐ **1** 受け身の否定文は，（①　）の後ろに（②　）を入れる。

1 ①be 動詞　②not

> Soccer is　　played here.
> Soccer is **not** played here.

☐ **2** 次の短縮形は？
① is not　② are not
③ was not　④ were not

2
① isn't　② aren't
③ wasn't　④ weren't

Challenge!

1回目 [　　] 点　2回目 [　　] 点　3回目 [　　] 点

☐ **3** 次の文を否定文にしなさい。(各1点)

① This picture **was taken** in 1961.
② This book **was written** by Soseki.
③ The songs **were sung** by AKB.
④ This cake **was made** by Bob.
⑤ The door **was broken** by me.

① This picture **was not** taken in 1961.
② This book **wasn't** written by Soseki.
③ The songs **were not** sung by AKB.
④ This cake **was not** made by Bob.
⑤ The door **was not** broken by me.

☐ **4** 次の語を並べ替えて，意味の通る文にしなさい。(各1点)

① from / seen / Mt. Fuji / Akita / isn't / .
② isn't / taught / by / Lucy / English / .
③ are / apples / in / grown / Kenya / not / .
④ given / my father / by / was / this book / not / .
⑤ video games / sold / aren't / these / in China / .

① Mt.Fuji **isn't** seen from Akita.
② English **isn't** taught by Lucy.
③ Apples **are not** grown in Kenya.
④ This book **was not** given by my father.
⑤ These video games **aren't** sold in China.

Self Check!!

☐ 受け身の否定文は，「be 動詞の後ろに not を入れる」ことがわかりましたか。

すらすら英文法 中学2年

受け身③ 疑問文　　氏名

CanDo!

☐ 1　受け身の疑問文は，（①　　）を前にもってきて，最後に（②　　）をつける。

1　① be 動詞
　　② クエスチョン・マーク（？）

> English **is spoken** in Kenya.
> **Is** English **spoken** in Kenya**?**
> { Yes, it **is**.
> { No, it **isn't**.

☐ 2　答える時は，（　　　）を使う。

2　be 動詞

Challenge!

1回目［　　］点　2回目［　　］点　3回目［　　］点

☐ 3　次の文を疑問文にしなさい。（各1点）

① A big voice **is** heard somewhere.
② This juice **is** drunk in Africa.
③ Mr.Tanaka **is** loved by students.
④ This book **was** written last year.
⑤ These songs **were** sung in Canada.

① **Is** a big voice heard somewhere?
② **Is** this juice drunk in Africa?
③ **Is** Mr.Tanaka loved by students?
④ **Was** this book written last year?
⑤ **Were** these songs sung in Canada?

☐ 4　次の質問に Yes, No の両方で答えなさい。（各1点）

① **Is** English studied in your country?
② **Are** these books read by American?
③ **Was** this computer used by you?
④ **Were** the books written by Kenji?
⑤ **Was** this temple built by Yoshimitsu?

① Yes, it **is**. / No, it **isn't**.
② Yes, they **are**. / No, they **aren't**.
③ Yes, it **was**. / No, it **wasn't**.
④ Yes, they **were**. / No, they **weren't**.
⑤ Yes, it **was**. / No, it **wasn't**.

Self Check!!

☐ 受け身の疑問文の作り方と答え方がわかりましたか。

10 比較級を使った「すらすら英文法」

比較では，まず次の事項を押さえたい。

❶ 2つを比較する時は，-er than を使う。
❷ er のつけ方は4つある。
❸ 3つ以上を比較して，「一番〜だ」という時には，the -est を使う。
❹ 最上級の時，「〜の中で」という時は，in または of を使う。of の後ろは数字か all がくる。
❺ 2つを比較して，「ほぼ同じ」という時は，as〜as を使う。as と as の間は原級になる。

ということである。

比較級の CanDo!

❶ 2つを比較する時には，-er than を使う
Ken is tall**er than** Maki. （ケンはマキよりも背が高い）

❷ er のつけ方は4つある
- そのままつける。　old → older　young → younger
- e で終わる単語は，r をつける。　large → larger
- 短母音＋子音で終わる時は，最後の文字を重ねて er をつける。
  hot → hotter　big → bigger
- y で終わる単語は，y を i に変えて，er をつける。
  happy → happier　heavy → heavier

❸ 3つ以上を比較して，「一番〜だ」という時には，the -est in / of を使う
Ken is the tall**est** in this class. （ケンはこのクラスで一番背が高い）

❹ est のつけ方は4つある
- そのままつける。　old → oldest　young → youngest
- e で終わる単語は，st をつける。　large → largest
- 短母音＋子音で終わる時は，最後の文字を重ねて est をつける。
  hot → hottest　big → biggest
- y で終わる単語は，y を i に変えて，est をつける。
  happy → happiest　heavy → heaviest

❺ 2つを比較して，「同じくらい〜だ」という時は，as〜as となる

中学2年 すらすら英文法

比較① 比較級　　　　氏名

CanDo!

- □ 1　比較級の形は？
- □ 2　比較級を強めて,「ずっと〜だ」は,（　　）を使う。
- □ 3　er のつけ方の4つのルールは？

1　-er than

2　much

3　① そのままつける。 old → older
　② e で終わっている語は, r をつけるだけ。
　　　large → larger　cute → cuter
　③ 最後の文字の1つ前が短母音の時, 最後の文字を重ねて, er をつける。
　　　big → bigger　hot → hotter
　④ y で終わっている語は, y を i に変えて, er をつける。
　　　happy → happier　busy → busier

Challenge!　1回目［　　］点　2回目［　　］点　3回目［　　］点

□ 4　次の文に（　　）内の語をつけて, 比較級の文にしなさい。(各1点)

① Ken is young. (**than** Mari)　　① Ken is young**er than** Mari.
② My dog is big. (**than** your dog)　　② My dog is big**ger than** your dog.
③ My mother is busy. (**than** I)　　③ My mother is bus**ier than** I.
④ Is Nagano large? (**than** Saitama)　　④ Is Nagano larg**er than** Saitama?
⑤ Is English **very** easy? (**than** math)　　⑤ Is English <u>much</u> eas**ier than** math?

□ 5　次の語を並べ替えて, 意味の通る文にしなさい。(各1点)

① taller / I / than / Hiroshi / am / .　　① I am tall**er than** Hiroshi.
② Taku / younger / is / than Yumi / .　　② Taku is young**er than** Yumi.
③ newer / my car / is / than / yours / .　　③ My car is new**er than** yours.
④ SKY TREE / higher / is / than / TOKYO TOWER / .　　④ SKY TREE is high**er than** TOKYO TOWER.
⑤ This pen / longer / is / than / that / .　　⑤ This pen is long**er than** that.

Self Check!!　□ 比較級は, -er than を使うことがわかりましたか。

中学2年 すらすら英文法

比較② 最上級　　　　氏名

CanDo!

☐ 1　最上級の形は？
☐ 2　-est の後ろには，(①　　)か(②　　)が来る。

1　the ＋ -est
2　① in　② of　（順不同）

> Ken is **the tallest in this class**.
> Whale is **the biggest of all** the animals.

☐ 3　of の後ろには，(①　　)または，(②　　)がくる。

3　① 数字　② all　（順不同）

> Maki is **the oldest of the five**.
> Whale is **the biggest of all** the animals.

Challenge!

1回目 [　　]点　2回目 [　　]点　3回目 [　　]点

☐ 4　次の文に（　　）内の語をつけて，最上級の文にしなさい。（各1点）

① Kenji is young. (of the five)
② Mt.Fuji is high. (in Japan)
③ The Shinano is long. (in Japan)
④ I get up early. (in my family)
⑤ February is cold. (in Japan)

① Kenji is **the** young**est of** the five.
② Mt.Fuji is **the** high**est in** Japan.
③ The Shinano is **the** long**est in** Japan.
④ I get up **the** earl**iest in** my family.
⑤ February is **the** cold**est in** Japan.

☐ 5　次の語を並べ替えて，意味の通る文にしなさい。（各1点）

① oldest / I / the / in my class / am / .
② hottest / August / is / the / month / .
③ the / Taku / is / shortest / boy / .
④ is / happiest / the / who / student / this class / in / ?
⑤ the / biggest / the / five / is / of / Pochi / .

① I am **the** old**est in** my class.
② August is **the** hot**test** month.
③ Taku is **the** short**est** boy.
④ Who is **the** happ**iest** student in this class?
⑤ Pochi is **the** bi**ggest of** the five.

Self Check!!

☐ 最上級は the -est in / of になることがわかりましたか。

中学2年 すらすら英文法

比較③ 同格　　　　　　　　氏名

CanDo!

□ 1 「…と同じくらい〜だ」は，同格となり，形は（　　　）となる。
□ 2 as と as の間は，（　　　）になる。
□ 3 not as 〜 as... で，（　　　）という意味になる。

1　as 〜 as
2　原級
3　…ほど，〜でない

> I am **as** old **as** you.
> （私はあなたと同じくらいの年だ）
> I am **not as** old **as** you.
> （私はあなたほど年をとっていない）

Challenge!

1回目 [　　] 点　2回目 [　　] 点　3回目 [　　] 点

□ 4　次の文に（　　　）内の語をつけて，同格の文にしなさい。（各1点）

① My father is old.（my mother）
② Japan is large.（Germany）
③ This river is long.（that river）
④ Ken is happy.（I）
⑤ Sazaesan is interesting.（Konan）

① My father is **as old as** my mother.
② Japan is **as large as** Germany.
③ This river is **as long as** that river.
④ Ken is **as happy as** I.
⑤ Sazaesan is **as interesting as** Konan.

□ 5　次の語を並べ替えて，意味の通る文にしなさい。（各1点）

① old / I / as / as / am / Yuki / .
② you / Hiroshi / as / is / old / as / .
③ busy / Mai / is / as / as / you / .
④ my car / as / as / is / new / that one / .
⑤ popular / is / as / this comic / as / that one / .

① I am **as** old **as** Yuki.
② Hiroshi is **as** old **as** you.
③ Mai is **as** busy **as** you.
④ My car is **as** new **as** that one.
⑤ This comic is **as** popular **as** that one.

Self Check!!

□ 「as〜as」の意味や語順がわかりましたか。

Chapter 2 中学2年で身につけたい すらすら英文法

11 比較級（長い単語）を使った「すらすら英文法」

比較では，まず次の事項を押さえたい。

❶ 長い単語の比較級は，-er をつけずに，more + 形容詞 + than の形になる。
❷ 長い単語の最上級は，the most + 形容詞 + in / of を使う。
❸ 長い単語とは，およそ6文字以上である。例外は fun。短いけれど，more fun... となる。
❹ good や well の比較級，最上級は，better，the best となる。

比較級（長い単語）の CanDo!

❶ 長い単語を比較する時は，more ～ than... を使う
English is more interesting than math.
（英語は数学よりも面白い）

❷ 3つ以上を比較して「一番～だ」という長い単語の時は，the most ～ in / of を使う
This comic is the most interesting of all the comics.
（この漫画はすべての漫画の中で一番面白い）

❸ more / the most をつける時は，おおよそ6文字以上の単語である
famous → more famous   the most famous
popular → more popular   the most popular
（例外）fun → more fun   the most fun

❹ 比較級，最上級には，形の変わる形容詞，副詞がある
good → better   the best
well → better   the best
bad   → worse   the worst

（例）Math test is better than English one.
　　 It was the worst day in my life.

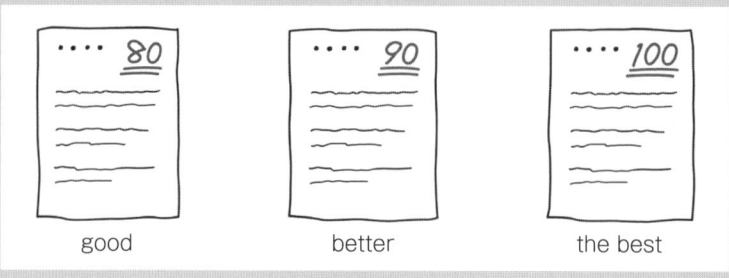

good　　　　　better　　　　　the best

中学2年 すらすら英文法

比較① 長い単語の比較級　　　氏名

CanDo!

□ 1　長い単語の比較級には（　　）をつける。

1　more

□ 2　長い単語とは，およそ（　　）文字以上と考える。

2　6
＊しかし，「面白い」という意味の fun は3文字しかないが，more のつく形容詞である。

□ 3　「どっちが〜か？」という時には，（①　　）is（②　　）..., A or B?

3　① Which　② more

This book is **more** fun **than** that one.
Which is **more** interesting,
this book **or** that one?

Challenge!

1回目［　　　］点　2回目［　　　］点　3回目［　　　］点

□ 4　次の文に（　　）内の語をつけて，比較級の文にしなさい。（各1点）

① Lupin is famous.（than Konan）
② Udon is delicious.（than sushi）
③ The car is useful.（than the bike）
④ English is fun.（than math）
⑤ This is difficult.（than that one）

① Lupin is **more** famous than Konan.
② Udon is **more** delicious than sushi.
③ The car is **more** useful than the bike.
④ English is **more** fun than math.
⑤ This is **more** difficult than that one.

□ 5　日本語に合うように，語を並べ替えなさい。（各5点）

① この時計はあの時計よりも高い。
（this watch / more / expensive / is / than / that one / .）
② この本はあの本よりも面白い。
（is / interesting / more / than / book / that one / this / .）

① This watch is **more** expensive than that one.
② This book is **more** interesting than that one.

Self Check!!

□　長い単語の比較級では，more 〜 than を使うことがわかりましたか。

中学2年 すらすら英文法

比較② 長い単語の最上級　　氏名 _____

CanDo!

☐ 1　長い単語の最上級は（　　　）をつける。

1　the most

☐ 2　長い単語とは，およそ（①　　）文字以上である。（②　　）は短いが，the most のつく形容詞である。

2　① 6　② fun

> This comic is **the most** fun **of** all.
> （この漫画はすべての中で一番面白い）

Challenge!

1回目 [　　　] 点　2回目 [　　　] 点　3回目 [　　　] 点

☐ 3　次の文に（　　）内の語をつけて，最上級の文にしなさい。（各2点）

① Horyu-ji is famous.（ in Japan ）
① Horyu-ji is **the most** famous in Japan.

② This car is expensive.（ in the U.S. ）
② This car is **the most** expensive in the U.S.

③ That computer is useful.（ of all ）
③ That computer is **the most** useful of all.

④ This quiz is fun.（ of all quizzes ）
④ This quiz is **the most** fun of all quizzes.

⑤ The Beatles is popular.（ in Japan ）
⑤ The Beatles is **the most** popular in Japan.

Self Check!!
☐ 長い単語の最上級では，the most を使うことがわかりましたか。

語順に挑戦
日本語に合うように，語を並べ替えなさい。

① この花は5つの中で一番美しい。
（ this / beautiful / flower / is / the / most / of / five / the / . ）
① This flower is **the most** beautiful of the five.

② 寿司は一番おいしい日本食です。
（ the / sushi / is / Japanese / most / food / delicious / . ）
② Sushi is **the most** delicious Japanese food.

中学2年 すらすら英文法

比較③　形の変わるもの　　氏名

CanDo!

□ 1　次の単語の比較級・最上級は？

① good / well
② bad
③ many / much

1
① better / the best
② worse / the worst
③ more / the most

□ 2　次の文に（　　）の語をつけて，比較級や最上級の文にしなさい。

① There are many people in China. (than in India)
② This picture is good. (in the U.S.)

2　① There are **more** people in China than in India.
　② This picture is **the best** in the U.S.

Challenge!　1回目 [　　] 点　2回目 [　　] 点　3回目 [　　] 点

□ 3　次の文に（　　）の語をつけて，比較級の文にしなさい。

① My school has many students. (than yours)
② There are many animals in Nagano. (than in Kyoto)
③ I drank much tea. (than Miki)
④ Yumi has many friends. (than I)
⑤ Does Miki swim well? (than Yui)

① My school has **more** students than yours.
② There are **more** animals in Nagano than in Kyoto.
③ I drank **more** tea than Miki.
④ Yumi has **more** friends than I.
⑤ Does Miki swim **better** than Yui?

□ 4　次の文に（　　）の語をつけて，最上級の文にしなさい。（各1点）

① Ken sings well. (in this school)
② This book is bad. (in Japan)
③ This food tastes bad. (of all)
④ My grandfather has much money. (in my family)
⑤ You speak English good. (of the six)

① Ken sings **the best** in this school.
② This book is **the worst** in Japan.
③ This food tastes **the worst** of all.
④ My grandfather has **the most** money in my family.
⑤ You speak English **the best** of the six.

Self Check!!　□ 形の変わる比較級，最上級についてわかりましたか。

中学2年 すらすら英文法

比較④ どっちが好き？   氏名

CanDo!

☐ 1 「どっちが好き？」という時には，Which do you like (①　　)，A (②　　) B? の形をとる。

1
① better
② or

☐ 2 「私はAよりBが好き」という時には，I like B (①　　)(②　　) A. となる。

2
① better ② than

Challenge!

1回目 [　　　] 点　2回目 [　　　] 点　3回目 [　　　] 点

☐ 3 日本語に合うように，語を並べ替えなさい。（各2点）

① 私はバナナよりもリンゴが好きです。
(like / apples / I / bananas / better than / .)
① I like apples better than bananas.

② ケンは水泳よりもスキーの方が好きです。
(skiing / better / likes / Ken / than / swimming / .)
② Ken likes skiing better than swimming.

③ サッカーと野球ではどちらが好きですか。
(do / which / like / soccer / you / better / or / baseball / ? / ,)
③ Which do you like better, soccer or baseball?

④ 麻衣子はすしと天ぷらどちらが好きですか。
(tempura / Maiko / which / like / or / better / does / sushi / ? / ,)
④ Which does Maiko like better, sushi or tempura?

⑤ 私はテレビを見るより本を読む方が好きです。
(like / watching TV / better / I / than / reading books / .)
⑤ I like reading books better than watching TV.

Self Check!!

☐ like ～ better than ... の文についてわかりましたか。

すらすら英文法 中学2年

比較⑤ ～が一番好き　　　　氏名

CanDo!

☐ 1 「何が一番好きですか?」という時には, What do you like (①　) (②　)?の形をとる。

☐ 2 「私は～が一番好き」という時には, I like ～ (①　)(②　).となる。

1　① the　② best

2　① the　② best

> What do you like **the best**?
> (何が一番好きですか？)
> I like reading books **the best**.
> (私は読書が一番好きです)

Challenge!

1回目 [　　] 点　2回目 [　　] 点　3回目 [　　] 点

☐ 3　日本語に合うように，語を並べ替えなさい。(各2点)

① 私はすべての教科の中で英語が一番好きです。
(like / English / I / best / of / the / subjects / all / .)

① I like English **the best** of all subjects.

② あなたはどの季節が一番好きですか。
(season / the / like / you / do / best / what / ?)

② What season do you like **the best**?

③ 私は夏が一番好きです。
(summer / I / like / best / the / .)

③ I like summer **the best**.

④ マイクはどんな日本食が一番好きですか。
(Mike / Japanese / like / the / does / best / what / food / ?)

④ What Japanese food does Mike like **the best**?

⑤ あなたは何をすることが一番好きですか。
(like / doing / what / do / you / the / best / ?)

⑤ What do you like doing **the best**?

Self Check!!

☐ like ～ the best の文についてわかりましたか。

Chapter 3 中学3年で身につけたい すらすら英文法

1 現在完了(継続用法)を使った「すらすら英文法」

現在完了の継続用法で押さえたいことは，次の5つである。

> ❶ have / has + 過去分詞で「ずっと～している（今も）」という意味になること。
> ❷ 現在完了の継続の肯定文では，for ～（～の間）や since～（～以来）が一緒によく使われるということ。
> ❸ 否定文では，have / has の後ろに not を入れること。
> ❹ 疑問文では，have / has を前にもってきて，最後にクエスチョン・マークをつけること。
> ❺ 疑問詞では，How long ～？がよく使われること。

現在完了(継続用法)のCanDo!

❶ have / has + 過去分詞で「ずっと～している（今も）」という意味になる

I live in Tokyo.（私は東京に住んでいる）＝現在

I lived in Tokyo.（私は東京に住んでいた）＝過去

I **have lived** in Tokyo for 13 years. ＝現在完了の継続

（私は13年間東京に住んでいる＝今も）

＊継続用法では，for ～（～の間）や since ～（～以来，～から）がよく一緒に使われる。

❷ 現在完了の否定文は，have / has の後ろに not を入れるだけ

I **have not lived** in Tokyo for 13 years.

（私は13年間東京に住んでいない＝今も住んでいない）

❸ 現在完了の疑問文は，have / has を前にもっていき，クエスチョン・マークをつける

　　　　　You **have lived** in Tokyo since 2012.

Have you 　　lived in Tokyo since 2012**?**

（あなたは2012年から東京に住んでいますか？）

{ Yes, I **have**.
　No, I **haven't**.

中学3年 すらすら英文法

現在完了（継続）① 肯定文　　氏名

Can Do!

☐ 1　現在完了の形は？
☐ 2　現在完了の継続用法の意味は？

1　have / has + 過去分詞
2　ずっと〜している（今も）

> I **have lived** here **for** 13 years.
> I**'ve been** busy **since** last week.

☐ 3　継続用法でよく使われる前置詞は？

3　① for〜（〜の間）
　　② since〜（〜以来，〜から）

☐ 4　次の短縮形は？
① I have　② You have　③ He has
④ They have　⑤ It has

4
① I've　② You've　③ He's
④ They've　⑤ It's

Challenge!

1回目[　　]点　2回目[　　]点　3回目[　　]点

☐ 5　次の文に（　　）内の語をつけて，現在完了の継続の文にしなさい。（各1点）

① I live in the U.S.（for 2 years）
② You play the piano.（since 2010）
③ My father works for this bank.（for 25 years）
④ Mai is a tennis player.（since 1966）
⑤ They are busy.（for a week）

① I **have lived** in the U.S. for 2 years.
② You**'ve played** the piano since 2010.
③ My father **has worked** for this bank for 25 years.
④ Mai **has been** a tennis player since 1966.
⑤ They **have been** busy for a week.

☐ 6　次の語を並べ替えて，意味の通る文にしなさい。（各1点）

① have / I / English / studied / 6 / for / years / .
② Kenya / stayed / you've / since 2005 / in / .
③ 2010 / has / Mao / a teacher / since / been / .
④ sick / my sister / since / last Tuesday / has / been / .
⑤ sunny / has / for 10 days / been / it / .

① I **have studied** English for 6 years.
② You**'ve stayed** in Kenya since 2005.
③ Mao **has been** a teacher since 2010.
④ My sister **has been** sick since last Tuesday.
⑤ It **has been** sunny for 10 days.

Self Check!!

☐ 現在完了の継続では，have / has + 過去分詞の語順になることがわかりましたか。

中学3年 すらすら英文法

現在完了（継続）② 否定文　　氏名

CanDo!

☐ 1　現在完了の否定文は，（①　　）の後ろに（②　　）を入れる。

1　① have / has　② not

> I have　　 lived in this town.
> I have **not** lived in this town.

☐ 2　次の短縮形は？
① have not　② has not

2
① haven't　② hasn't

Challenge!　1回目 [　　] 点　2回目 [　　] 点　3回目 [　　] 点

☐ 3　次の文を否定文にしなさい。（各1点）

① I have lived here for a year.
② You have been a teacher since 1988.
③ He has learned piano for 3 years.
④ Yuki and Mai have been good friends for a long time.
⑤ It has been rainy for a month.

① I **have not** lived here for a year.
② You **haven't** been a teacher since 1988.
③ He **hasn't** learned piano for 3 years.
④ Yuki and Mai **have not** been good friends for a long time.
⑤ It **has not** been rainy for a month.

☐ 4　次の語を並べ替えて，意味の通る文にしなさい。（各1点）

① not / we / had / have / a dog / for / 20 years / .
② liked / Kenji / not / apples / has / a long time / for / .
③ not / free / Bob / has / yesterday / been / since / .
④ snowy / been / it / not / has / last week / since / .
⑤ the computer / for / used / I / days / haven't / two / .

① We **have not** had a dog **for** 20 years.
② Kenji **has not** liked apples **for** a long time.
③ Bob **has not** been free **since** yesterday.
④ It **has not** been snowy **since** last week.
⑤ I **haven't** used the computer **for** two days.

Self Check!!　☐ 現在完了（継続）の否定文では，have / has の後ろに not を入れることがわかりましたか。

100

すらすら英文法

中学 3 年

現在完了（継続）③　疑問文　　　氏名

CanDo!

☐ 1　現在完了の疑問文は，（①　　　）または，（②　　　）を前にもってきて，最後に（③　　　）をつける。

☐ 2　答える時は，（①　　　）または，（②　　　）を使う。

1　① have
　　② has
　　③ クエスチョン・マーク（?）

2　① have / has
　　② haven't / hasn't

> You **have** stayed in Japan.
> **Have** you stayed in Japan?
> { Yes, I have.
> { No, I haven't.

Challenge!

1回目 [　　] 点　2回目 [　　] 点　3回目 [　　] 点

☐ 3　次の文を疑問文にしなさい。（各1点）

① You **have** been happy for a year.
② Kotomi **has** liked shogi since 1965.
③ It **has** been sunny since last week.
④ My dogs **have** slept since last night.
⑤ Your mother **has** been busy since yesterday.

① **Have** you been happy for a year?
② **Has** Kotomi liked shogi since 1965?
③ **Has** it been sunny since last week?
④ **Have** my dogs slept since last night?
⑤ **Has** your mother been busy since yesterday?

☐ 4　次の疑問文に Yes, No の両方で答えなさい。（各1点）

① **Have you** lived here for a year?
② **Have you** been in Kyoto since last July?
③ **Has it** been sunny since last week?
④ **Have you** played tennis for a long time?
⑤ **Have Bob and Taku** been good friends since they were 10?

① Yes, **I have**. / No, **I haven't**.
② Yes, **I have**. / No, **I haven't**.
③ Yes, **it has**. / No, **it hasn't**.
④ Yes, **I have**. / No, **I haven't**.
⑤ Yes, **they** have. / No, **they** haven't.

Self Check!!

☐ 現在完了（継続）の疑問文の作り方と答え方がわかりましたか。

Chapter 3 中学3年で身につけたい すらすら英文法

2 現在完了(経験用法)を使った「すらすら英文法」

現在完了の継続用法で押さえたいことは，次の5つである。

❶ have / has + 過去分詞で「〜したことがある」という意味になること。
❷ 現在完了の経験の肯定文では，before（以前）や，once（1回），twice（2回），three times（3回）など，回数を表す語が使われる。
❸ 否定文では，have / has の後ろに never（または not）を入れること。
❹ 疑問文では，have / has を前にもってきて，最後にクエスチョン・マークをつけること。また，Have you ever 〜 ? という形で，よく ever（今までに）が用いられること。
❺ 疑問詞では，How many times 〜 ? がよく使われること。

などがマストな文法事項となるであろう。

現在完了(経験用法)の CanDo!

❶ have / has + 過去分詞で「〜したことがある」という意味になる
I **live** in Tokyo.（私は東京に住んでいる）＝現在
I **lived** in Tokyo.（私は東京に住んでいた）＝過去
I **have lived** in Tokyo **before**. ＝現在完了の経験
（私は以前，東京に住んでいたことがある）
＊経験用法では，once（1回），twice（2回），〜 times（〜回），never（決して〜ない）などの語が一緒に使われる。

❷ have / has been to 〜で「〜に行ったことがある」という決まり文句になる

❸ 現在完了の経験の否定文は，have / has の後ろに never（または not）を入れるだけ
I **have never lived** in Tokyo.
（私は東京に住んだことがない）

❹ 現在完了の疑問文は，have / has を前にもっていき，クエスチョン・マークをつける
　　You **have lived** in Tokyo before.
Have you **ever lived** in Tokyo**?**（あなたは今まで東京に住んだことがありますか？）
{ Yes, I **have**.
{ No, I **haven't**.

中学3年 すらすら英文法

現在完了（経験）① 肯定文　　氏名

CanDo!

☐ 1　現在完了の経験用法の形は？
☐ 2　現在完了の経験用法の意味は？

1　have / has ＋ 過去分詞
2　〜したことがある

> I **have visited** Nikko **twice**.
> （私は2回，日光に行ったことがある）
> Jim **has been to** the U.S. **once**.
> （ジムは1回，アメリカに行ったことがある）

☐ 3　have been to 〜の意味は？
☐ 4　経験用法でよく使われる副詞は？
　① 1回　② 2回　③ 3回
　④ 数回　⑤ 何度も　⑥ 以前

3　〜に行ったことがある
4　① once　　② twice
　　③ three times　④ several times
　　⑤ many times　⑥ before

Challenge!

1回目 [　　] 点　2回目 [　　] 点　3回目 [　　] 点

☐ 5　次の文に（　　）内の語をつけて，現在完了の経験の文にしなさい。（各1点）

① I visit France. (many times)
② You see deer. (a few times)
③ My father drinks aojiru. (once)
④ Lucy eats sushi. (three times)
⑤ Miu meets famous singers. (twice)

① I **have visited** France many times.
② You**'ve seen** deer a few times.
③ My father **has drunk** aojiru once.
④ Lucy **has eaten** sushi three times.
⑤ Miu **has met** famous singers twice.

☐ 6　次の語を並び替えて，意味の通る文にしなさい。（各1点）

① have / I / to / Saga / once / been / .
② spoken / have / I / Ken / twice / to / .
③ played / you've / tennis / before / .
④ the book / several times / my sister / has / read / .
⑤ made / has / cake / twice / Kumi / .

① I **have been to** Saga once.
② I **have spoken** to Ken twice.
③ You**'ve played** tennis before.
④ My sister **has read** the book several times.
⑤ Kumi **has made** cake twice.

Self Check!!

☐ 現在完了の経験では、have / has ＋ 過去分詞の語順になることがわかりましたか。

中学3年 すらすら英文法

現在完了(経験)② 否定文　　氏名

CanDo!

☐ **1** 現在完了の経験用法の否定文は，(①　　)の後ろに(②　　)を入れる。

1 ① have / has
　　② never

> I <u>have</u> 　　　<u>been to</u> Hokkaido.
> （私は北海道に行ったことがある）
> I <u>have</u> **never** <u>been to</u> Hokkaido.
> （私は北海道に行ったことが**ありません**）

Challenge!

1回目[　　]点　2回目[　　]点　3回目[　　]点

☐ **2** 次の文を否定文にしなさい。(各1点)

① I have eaten natto.
② You have ridden a unicycle.
③ He has touched snakes.
④ Jim has been to Nikko.
⑤ My father has played shogi.

① I have **never** eaten natto.
② You have **never** ridden a unicycle.
③ He has **never** touched snakes.
④ Jim has **never** been to Nikko.
⑤ My father has **never** played shogi.

☐ **3** 次の語を並べ替えて，意味の通る文にしなさい。(各1点)

① never / I / have / visited / Kyoto / .
② Yoko / in the sea / swum / has / never / .
③ met / in / never / have / a bear / you / the mountain / .
④ cooked / I've / Indian food / never / .
⑤ Manami / read / has / never / the story / .

① I have **never** visited Kyoto.
② Yoko has **never** swum in the sea.
③ You have **never** met a bear in the mountain.
④ I've **never** cooked Indian food.
⑤ Manami has **never** read the story.

Self Check!!

☐ 現在完了(経験)の否定文では，have の後ろに never を入れることがわかりましたか。

中学3年 すらすら英文法

現在完了（経験）③ 疑問文　　氏名

CanDo!

□ 1　疑問文は，（①　　）を前にもってきて，最後に（②　　）をつける。

1　① have / has
　② クエスチョン・マーク（?）

□ 2　経験用法の疑問文ではよく（　　）が使われる。

2　ever

> You **have** visited India.
> **Have** you **ever** visited India**?**
> { Yes, I have.
> { No, I haven't.

□ 3　答える時は，（　　）を使う。

3　have / haven't

Challenge!

1回目 [　　] 点　2回目 [　　] 点　3回目 [　　] 点

□ 4　次の文を疑問文にしなさい。（各1点）

① You **have** visited Korea.
② You **have** seen SKY TREE.
③ May **has** eaten sushi in the U.S.
④ Ken **has** run a marathon.
⑤ Your mother **has** been to Nara.

① **Have** you **ever** visited Korea?
② **Have** you **ever** seen SKY TREE?
③ **Has** May **ever** eaten sushi in the U.S.?
④ **Has** Ken **ever** run a marathon?
⑤ **Has** your mother **ever** been to Nara?

□ 5　次の疑問文に Yes, No の両方で答えなさい。（各1点）

① **Have you** ever been to Germany?
② **Have you** ever read the comic?
③ **Has your sister** climbed Mt.Fuji?
④ **Has Tom** ever played shogi?
⑤ **Have Yuki and Mai** ever used this computer?

① Yes, **I have**. / No, **I haven't**.
② Yes, **I have**. / No, **I haven't**.
③ Yes, **she has**. / No, **she hasn't**.
④ Yes, **he has**. / No, **he hasn't**.
⑤ Yes, they have. / No, they haven't.

Self Check!!

□　現在完了（経験）の疑問文の作り方と答え方がわかりましたか。

105

3 現在完了（完了用法）を使った「すらすら英文法」

現在完了の完了用法で押さえたいことは，次の5つである。

> ❶ 現在完了の完了用法では，「（今）〜したところです」「（もう）〜し終わった」という2つの意味がある。
> ❷ 現在完了の完了では，just や，already をよく使う。
> ❸ 否定文では，have / has の後ろに not を置く。
> 　yet（まだ）という語をつける。
> ❹ 疑問文では，have / has を前にもってきて，最後にクエスチョン・マークをつける。
> 　yet（もう）という語をつける。
> ❺ 答える時は，have や haven't を使う。

などがマストな文法事項となるであろう。

現在完了（完了用法）の CanDo!

❶ 現在完了の完了用法では，大きく2つの意味がある
- have / has + just + 過去分詞　　　「（今）〜したところです」
- have / has + already + 過去分詞　　「（もう）〜し終わった」「〜した」

❷ 現在完了の完了用法では，just や，already をよく使う

❸ 否定文では，have / has の後ろに not を置き，最後に，yet（まだ）という語をつける
I have **not** cleaned my room **yet**.
（私はまだ部屋を掃除し終わっていない）

❹ 疑問文では，have / has を前にもってきて，最後に yet（もう）をつけ，？をつける
　　　You **have** cleaned your room.

Have you　　cleaned your room **yet**?
（あなたはもう，部屋を掃除し終わりましたか？）
　　{ Yes, I have.
　　　No, I haven't.

中学3年 すらすら英文法

現在完了（完了）① 肯定文　　氏名

CanDo!

- [ ] 1　現在完了の完了用法の形は？
- [ ] 2　現在完了の完了用法の意味は？

1　have / has ＋ 過去分詞
2　「〜し終えた」

> I **have just done** my homework.
> （私は今，宿題を終えたところです）
> Mai **has already read** the book.
> （マイはすでに本を読み終えました）

- [ ] 3　just の意味は？
- [ ] 4　already の意味は？

3　今，（〜し終えたところ）
4　もうすでに（〜し終わっている）

Challenge!　1回目 [　　] 点　2回目 [　　] 点　3回目 [　　] 点

- [ ] 5　次の文に（　　）内の語をつけて，現在完了の完了の文にしなさい。（各1点）

① I do my homework.（just）
② I eat dinner.（already）
③ My father washes his car.（just）
④ The bus leaves.（just）
⑤ A soccer game begins.（already）

① I have **just** done my homework.
② I have **already** eaten dinner.
③ My father has **just** washed his car.
④ The bus has **just** left.
⑤ A soccer game has **already** begun.

- [ ] 6　次の語を並べ替えて，意味の通る文にしなさい。（各1点）

① have / I / closed / the door / just / .
② arrived / at the shop / I've / just / .
③ you've / cooked / already / lunch / .
④ done / my homework / I've / just / .
⑤ just / a diary / Yui / has / written / .

① I **have just closed** the door.
② I've **just arrived** at the shop.
③ You've **already cooked** lunch.
④ I've **just done** my homework.
⑤ Yui **has just written** a diary.

Self Check!!
- [ ] 現在完了の完了では，「have / has ＋ just ＋ 過去分詞」や，「have / has ＋ already ＋ 過去分詞」になることがわかりましたか。

中学3年 すらすら英文法

現在完了（完了）② 否定文　　氏名

CanDo!

☐ 1　現在完了の否定文は，（①　）の後ろに（②　）を入れる。
☐ 2　have not の短縮形は？
☐ 3　文の最後に（　）を入れて，「まだ〜していない」という意味になる。

1　① have / has　② not
2　haven't
3　yet

> I **have just done** my homework.
> （私はたった**今**，宿題を終えたところです）
> I **haven't done** my homework **yet**.
> （私は**まだ**宿題をやり終えていません）

Challenge!

1回目[　　]点　2回目[　　]点　3回目[　　]点

☐ 4　次の文を否定文にしなさい。(各1点)

① I have just eaten breakfast.
② You have already taken a bath.
③ He has already left for school.
④ She has just cleaned her room.
⑤ English class has just begun.

① I **have not** eaten breakfast **yet**.
② You **haven't** taken a bath **yet**.
③ He **has not** left for school **yet**.
④ She **hasn't** cleaned her room **yet**.
⑤ English class **has not** begun **yet**.

☐ 5　次の語を並べ替えて，意味の通る文にしなさい。(各1点)

① haven't / I / yet / it / decided / .
② not / come / Kenji / has / yet / .
③ has / yet / come / winter / not / .
④ haven't / I / found / my pen / yet / .
⑤ my / I / haven't / done / yet / homework / .

① I **haven't** decided it **yet**.
② Kenji **has not** come **yet**.
③ Winter **has not** come **yet**.
④ I **haven't** found my pen **yet**.
⑤ I **haven't** done my homework **yet**.

Self Check!!

☐ 現在完了（完了）の否定文では，have / has の後ろに not を入れ，文の最後に yet をつけることがわかりましたか。

中学3年 すらすら英文法

現在完了（完了）③ 疑問文　　　氏名

CanDo!

- ☐ 1　疑問文は，（①　　　）を前にもってきて，最後に（②　　　）をつける。
- ☐ 2　答える時は，（①　　　）または，（②　　　）を使う。
- ☐ 3　完了の疑問文では，最後に（　　　）をつけて，「もう〜しましたか？」となる。

1　① have / has　② クエスチョン・マーク（?）

2　① have　② haven't

3　yet

> You **have** eaten the cake.
> **Have** you eaten the cake **yet**?
> { Yes, I have.
>   No, I haven't.

Challenge!

1回目[　　　]点　2回目[　　　]点　3回目[　　　]点

☐ 4　次の文を疑問文にしなさい。（各1点）

① You **have** already eaten breakfast.　　① **Have** you eaten breakfast yet?
② You **have** just made a cake.　　　　　② **Have** you made a cake yet?
③ Kumi **has** just done her homework.　　③ **Has** Kumi done her homework yet?
④ The bus **has** already left.　　　　　　④ **Has** the bus left yet?
⑤ Summer **has** already come.　　　　　⑤ **Has** summer come yet?

☐ 5　次の疑問文に Yes，No の両方で答えなさい。（各1点）

① **Have you** found your money yet?　　　① Yes, **I have**. / No, **I haven't**.
② **Have you** read the comic yet?　　　　② Yes, **I have**. / No, **I haven't**.
③ **Has Mike** gone to the U.S. yet?　　　 ③ Yes, **he has**. / No, **he hasn't**.
④ **Has Maiko** washed her car yet?　　　 ④ Yes, **she has**. / No, **she hasn't**.
⑤ **Have you and Taku** finished your homework yet?　　⑤ Yes, <u>we</u> **have**. / No, <u>we</u> **haven't**.

Self Check!!

☐ 現在完了（完了）の疑問文の作り方と答え方がわかりましたか。

Chapter 3 中学3年で身につけたい すらすら英文法

4 構文を使った「すらすら英文法」

文法事項とは別に，教えなくてはいけない英語の構文というものがある。
例えば，

---
❶ It is ... for ― to ～ （―にとって，～することは，…だ）の文
❷ make A＋Bで，「AをBにする」という意味の make の用法
❸ call A＋Bで，「AをBと呼ぶ」または name A＋B「AをBと名づける」などの用法
❹ so ... that ～ で「とても…なので，～だ」の文
❺ too ... to ～ 「とても…なので，～できない」の文

などを中学では扱う。

構文の CanDo!

❶ It is ... for ― to ～ （―にとって，～することは，…だ）
　To speak English is difficult for me.
　↓
　It is difficult for me to speak English.

❷ make A＋Bで，「AをBにする」
　Reading books makes me happy. （本を読むことは幸せだ）

❸ call A＋Bで，「AをBと呼ぶ」
　Please call me Tucky. （私のことをタッキーと呼んでください）

❹ so ... that ～ で「とても…なので，～だ」
　I was so sleepy that I could not do my homework.
　（私はとても眠かったので，宿題をすることができませんでした）

❺ too ... to ～ 「とても…なので，～できない」
　I was too tired to walk.
　（私はとても疲れていたので，歩けなかった）　＊not がなくても否定の意味がある。

中学3年 すらすら英文法

構文①　It is ... for — to ～　　　氏名

CanDo!

☐ 1　It is fun for me to read books. の it は（　）主語と言って，日本語には訳さない。

1　仮

☐ 2　上の文の it は，（　）のことを指し，「本を読むこと＝楽しい」となる。

2　to 以下

Challenge!

1回目 [　　] 点　2回目 [　　] 点　3回目 [　　] 点

☐ 3　次の文を日本語に訳しなさい。（各1点）

① It is fun for me to read books.
② It is easy for me to play tennis.
③ It is difficult for me to speak English.
④ Is it boring for you to study English?
⑤ Is it happy for you to see movies?

① 本を読むことは私にとって楽しい。
② 私にとってテニスをすることは簡単です。
③ 英語を話すことは私にとって難しい。
④ 英語を勉強することはあなたにとって退屈ですか。
⑤ 映画を見ることはあなたにとって幸せですか。

☐ 4　次の語を並べ替えて，意味の通る文にしなさい。（各5点）

① is / know / important / us / for / to / it / the *fact / .　　*fact 事実
② good / you / it / before dinner / is / to / for / finish / your homework / .
③ the station / lucky / at / was / Ken / it / for / meet / to / the singer / .
④ movies / to / it / Kumi / see / fun / is / for / ?
⑤ *keep promise / hard / them / for / was / it / to / ?　　*keep promise 約束を守る

① **It** is important **for** us **to** know the fact.
② **It** is good **for** you **to** finish your homework before dinner.
③ **It** was lucky **for** Ken **to** meet the singer at the station.
④ Is **it** fun **for** Kumi **to** see movies?
⑤ Was **it** hard **for** them **to** keep promise?

Self Check!!

☐ It is ... for — to ～ の意味や語の並べ替えがわかりましたか。

すらすら英文法

中学3年

構文②　make A + B　　　氏名

CanDo!

☐ 1　make A + B で（　　　）という意味になる。

1　A を B にする

> The news **made me sad**.
> （そのニュースを聞いて悲しくなった）
> Reading books **makes her happy**.
> （読書は彼女を幸せにする）

Challenge!

1回目 [　　] 点　2回目 [　　] 点　3回目 [　　] 点

☐ 2　次の文を日本語に訳しなさい。（各1点）

① Watching movies makes me happy.　　① 映画を見ることは私を幸せにしてくれる。
② Studying math makes me sleepy.　　② 数学を勉強すると眠くなる。
③ The story made Tom sad.　　③ その物語はトムを悲しくさせた。
④ This website made him famous.　　④ このウェブサイトで彼は有名になった。
⑤ Does playing sport make you warm?　　⑤ スポーツをすると温かくなりますか。

☐ 3　日本語に合うように，語を並べ替えなさい。（各5点）

① この機械は空気をきれいにしてくれる。
(clean / makes / this machine / air / .)
① This machine makes air clean.

② 料理をしていたらお腹がすいた。
(hungry / made / cooking / me / .)
② Cooking made me hungry.

③ サッカーの試合を見て，クミは興奮した。
(Kumi / watching / made / excited / the soccer game / .)
③ Watching the soccer game made Kumi excited.

④ 温泉に入ると気分がやすらぐ。
(a hot spring / me / taking / relaxed / makes / .)
④ Taking a hot spring makes me relaxed.

⑤ 突然の誕生会は彼を驚かせた。
(sudden / surprised / made / him / birthday party / a / .)
⑤ A sudden birthday party made him surprised.

Self Check!!

☐ make A + B の意味や語の並び替えがわかりましたか。

すらすら英文法

構文③ call A + B　　　氏名

CanDo!

☐ 1　call A + B で（　　　　）という意味になる。

1　A を B と呼ぶ

> I **call** <u>my dog</u> Spot.
> （私は私の犬をスポットと呼んでいる）
> Please **call** <u>me</u> Tucky.
> （私のことをタッキーと呼んでください）

☐ 2　name A + B だとその意味は？

2　A を B と名づける

Challenge!

1回目 [　　] 点　2回目 [　　] 点　3回目 [　　] 点

☐ 3　次の文を日本語に訳しなさい。（各1点）

① I call him Bob.
② My sister named her cat Sally.
③ People call the city Happy Land.
④ We call it Fuka-chan.
⑤ What can I call you?

① 私は彼のことをボブと呼ぶ。
② 私の妹は彼女のネコをサリーと名づけた。
③ 人はその町をハッピーランドと呼ぶ。
④ 私たちはそれを深ちゃんと呼ぶ。
⑤ あなたのことを何とお呼びすればいいですか。

☐ 4　日本語に合うように，語を並べ替えなさい。（各5点）

① 私はあなたのことをミキと呼ぶ。
　(you / I / Miki / call / .)
② 私たちはその犬をライクと名づけた。
　(named / Like / the dog / we / .)
③ 誰があなたに名前をつけたのですか。
　(your / who / name / named / ?)
④ 私のことをマサと呼ばないでください。
　(don't / me / call / Masa / .)
⑤ 人々はこの機械をルンバと呼んでいます。
　(this machine / people / call / Roomba / .)

① I **call** you Miki.
② We **named** the dog Like.
③ Who **named** your name?
④ Don't **call** me Masa.
⑤ People **call** this machine Roomba.

Self Check!!

☐ call A + B や name A + B の意味や語の並び替えがわかりましたか。

中学3年 すらすら英文法

構文④ so ... that ~　　　氏名

CanDo!

☐ 1　so... that ~ で（　　　　）という意味になる。 ｜ 1　とても…なので，~だ

Challenge!

1回目[　　]点　2回目[　　]点　3回目[　　]点

☐ **2**　次の文を日本語に訳しなさい。（各1点）

① Yesterday I was **so** tired **that** I went to bed early.
② I was **so** hungry **that** I ate them all.
③ My mother was **so** busy **that** I made dinner last night.
④ The math test was **so** difficult **that** I could not answer some of them.
⑤ The weather was **so** nice **that** we went hiking.

｜

① 昨日私は**とても**疲れていた**ので**，早く寝た。
② 私は**とても**お腹がすいていた**ので**，全部食べてしまいました。
③ 私の母は**とても**忙しかった**ので**，昨夜は私が夕飯を作りました。
④ 数学のテストが**とても**難しかった**ので**，そのいくつかは答えられなかった。
⑤ 天気が**あまりにも**よかった**ので**，私たちはハイキングにでかけました。

☐ **3**　次の語を並べ替え，意味の通る文にしなさい。（各5点）

① I / not / my homework / could / so sleepy / that / was / I / finish / .
② was / so / tired / he / slept / for / that / my father / many hours / .
③ Ken and Miki / got married / finally / were / so / friendly / that / they / .
④ a lot / was / so / funny / that / we laughed / the TV show / .
⑤ it / was / could / so / difficult / we / that / not / answer / it / .

｜

① I was **so** sleepy **that** I could not finish my homework.
② My father was **so** tired **that** he slept for many hours.
③ Ken and Miki were **so** friendly **that** they finally got married.
④ The TV show was **so** funny **that** we laughed a lot.
⑤ It was **so** difficult **that** we could not answer it.

Self Check!!

☐ so ... that ~ の意味や語の並び替えがわかりましたか。

中学3年 すらすら英文法

構文⑤ too ... to ～　　氏名

CanDo!

☐ 1　too ... to ～ で（　　　）という意味になる。
☐ 2　too ... to ～ は，（　　　）の構文と書き換えることができる。

1　とても…なので，～できない
2　so ... that ～ can't

> I was **too** busy **to** finish it.
> = I was **so** busy **that** I **couldn't** finish it. （私はとても忙しかったので，それを終わらせることができなかった）

Challenge!

1回目 [　　　] 点　2回目 [　　　] 点　3回目 [　　　] 点

☐ 3　次の文を日本語に訳しなさい。（各1点）

① I was **too** tired **to** study English.
② You were **too** sleepy **to** take a bath.
③ My mother was **too** busy **to** cook.
④ He was **too** hungry **to** walk.
⑤ I am **too** young **to** drive a car.

① 私は**とても**疲れていた**ので**英語を勉強**できなかった**。
② あなたは**とても**眠かった**ので**，お風呂に入ることが**できなかった**。
③ 私の母は**とても**忙しかった**ので**，料理することが**できなかった**。
④ 彼は**とても**お腹がすいていた**ので**，歩け**なかった**。
⑤ 私は**とても**若いので，車を運転**できない**。

☐ 4　次の語を並べ替え，意味の通る文にしなさい。（各5点）

① play / I / old / to / soccer / am / too / .
② was / finish / too / reading / it / I / busy / to / .
③ my mother / was / to / make / too / tired / dinner / .
④ my dog / small / to / fast / too / is / run / .
⑤ too / finish / homework / sleepy / was / she / her / to / .

① I am **too** old **to** play soccer.
② I was **too** busy **to** finish reading it.
③ My mother was **too** tired **to** make dinner.
④ My dog is **too** small **to** run fast.
⑤ She was **too** sleepy **to** finish her homework.

Self Check!!

☐ too ... to ～ の意味や語の並び替えがわかりましたか。

Chapter 3 中学3年で身につけたい すらすら英文法

5 関係代名詞を使った「すらすら英文法」

関係代名詞でまず押さえたいことは，次のことである。

> ❶ 関係代名詞の that（who, which）は，「どういう～かというと」と訳すとわかりやすい。

その後，

> ❷ 主格の関係代名詞の次には，動詞がくる。
> ❸ 目的格の関係代名詞の次には，主語＋動詞がくる。
> ❹ 所有格の関係代名詞の次には，名詞がくる。

ということも押さえていきたい。

関係代名詞の CanDo!

❶ 関係代名詞の主格の that は，「どういう～かというと」と訳す
　This is an animal that has a long nose.
　（これは動物です　どういう動物かというと　長い鼻を持った動物）
　＊人間の時は who，物や動物の時は which を使って区別する。
　I know a teacher who plays tennis.
　　　　　　人間
　This is a bird which lives in New Zealand.
　　　　　　動物

❷ 関係代名詞の目的格の that は，「どういう～かというと」と訳す
　This is an animal that I like.
　（これは動物です　どういう動物かというと　私が好きな動物）
　＊人間の時は who，物や動物の時は which を使って区別する。
　I know a teacher who many boys like.
　　　　　　人間
　This is a comic which my father bought me.
　　　　　　物

❸ 「どういう～かというと」の「～」の部分を「先行詞」と言う

すらすら英文法 中学3年

関係代名詞① 主格　　　氏名

CanDo!

☐ 1　関係代名詞の訳し方は？

1　どういう〜かというと

> This is an animal **that** has a long nose.
> これは動物です
> 　　どういう動物かというと
> 　　　　　長い鼻を持った動物

☐ 2　「どういう〜かというと」の「〜」の部分を（　　　）と言う。

2　先行詞

Challenge!

1回目 [　　] 点　2回目 [　　] 点　3回目 [　　] 点

☐ 3　次の文を前から日本語に訳しなさい。（各2点）

① This is an animal **that** lives in Japan.
② I know a teacher **that** has a big car.
③ I like an animal **that** is small.
④ That is a new friend **that** came from Canada.
⑤ Do you know the student **that** plays baseball well?

① これは動物です。**どういう動物かというと**，日本に住んでいる動物。
② 私は先生を知っています。**どういう先生かというと**，大きな車を持っている先生。
③ 私は動物が好きです。**どういう動物かというと**，小さい動物。
④ あの人は新しい友達です。**どういう友達かというと**，カナダから来た友達。
⑤ あなたは生徒を知っていますか。**どういう生徒かというと**，野球の上手な生徒。

Self Check!!

☐ 関係代名詞の that は「どういう〜かというと」と訳すことがわかりましたか。

プラス1 次の語を並べ替えて，意味の通る文にしなさい。

① is / an animal / that / this / has / a long neck / .
② a teacher / is / that / likes / natto / Mr. Tanaka / .

① This is an animal **that** has a long neck.
② Mr.Tanaka is a teacher **that** likes natto.

中学3年 すらすら英文法

関係代名詞②　who / which　　氏名

CanDo!

□1　先行詞が人の時には（①　　）を使い，物や動物の時は（②　　）を使う。

1　① who
　② which

> This is an <u>animal</u> **which** has long ears.
> 　　　　　動物
> This is <u>a teacher</u> **who** speaks English.
> 　　　　　人間

□2　関係代名詞の訳し方は？

2　どういう〜かというと

Challenge!

1回目 [　　] 点　2回目 [　　] 点　3回目 [　　] 点

□3　次の（　）内に who か which のどちらかを入れ，意味の通る文にしなさい。（各2点）

① This is an animal（　）likes bananas.　　① which
② That is a teacher（　）lives in Osaka.　　② who
③ Tell me a girl（　）can speak English.　　③ who
④ Look at the cats（　）are sleeping.　　④ which
⑤ Do you know the person（　）sings songs well?　　⑤ who

Self Check!!

□　先行詞が人の時は who, 物や動物の時は which を使うことがわかりましたか。

プラス1　次の語を並べ替えて，意味の通る文にしなさい。

① is / an animal / which / this / lives / Africa / in / .
　① This is an animal which lives in Africa.

② at / on the bench / the girl / is / sleeping / who / look / .
　② Look at the girl who is sleeping on the bench.

③ many pockets / Mariko / a bag / has / has / which / .
　③ Mariko has a bag which has many pockets.

中学3年 すらすら英文法

関係代名詞③　目的格 (that)　　　氏名

CanDo!

- ☐ 1　目的格 that の後の語順は？
- ☐ 2　関係代名詞の目的格 that の訳し方は？

1　主語＋動詞

2　どういう〜かというと

> This is <u>an animal</u> **that** <u>I wanted</u>.
> これは動物です　　　（主語＋動詞）
> どういう動物かというと
> 　　　　　　　私が欲しかった

- ☐ 3　関係代名詞の目的格は（　　　）できる。

3　省略

Challenge!　1回目[　　]点　2回目[　　]点　3回目[　　]点

☐ 4　次の文を前から日本語に訳しなさい。（各2点）

① This is an animal **that** I like.
① これは動物です。**どういう動物かというと**，私が好きな動物。

② That is a teacher **that** students like.
② あの人は先生です。**どういう先生かというと**，生徒が好きな先生。

③ It's a song **that** the Beatles sang.
③ それは歌です。**どういう歌かというと**，ビートルズが歌った歌。

④ This is a picture I took in Australia.
④ これは写真です。**どういう写真かというと**，私がオーストラリアで撮った写真。

⑤ This is a computer I have wanted for a long time.
⑤ これはパソコンです。**どういうパソコンかというと**，私が長い間欲しかったパソコン。

Self Check!!　☐ 関係代名詞の that は「どういう〜かというと」と訳すことがわかりましたか。

プラス1　次の語を並べ替えて，意味の通る文にしなさい。

① is / a comic / this / like / I / that / .　　① This is a comic that I like.
② a book / is / this / Soseki / wrote / .　　② This is a book Soseki wrote.

119

中学3年 すらすら英文法

関係代名詞④　目的格（who / which）　　氏名

CanDo!

☐ 1　目的格 who, which の後の語順は？　　1　主語＋動詞
☐ 2　目的格 who, which の訳し方は？　　2　どういう〜かというと

> This is a singer who I want to meet.
> この人は歌手です　（主語＋動詞）
> どういう歌手かというと
> 　　　　　　　　　　私が会いたい

☐ 3　関係代名詞の目的格は（　　）できる。　　3　省略

Challenge!

1回目[　　]点　2回目[　　]点　3回目[　　]点

☐ 4　次の（　）内に who か which のどちらかを入れ，意味の通る文にしなさい。（各1点）

① This is an animal (　) Kumi likes.　　① which
② That is a singer (　) I met.　　② who
③ Show me the picture (　) you drew.　　③ which
④ Is this the picture (　) you took?　　④ which
⑤ Is she a person (　) you have wanted to meet?　　⑤ who

☐ 5　次の語を並べ替えて，意味の通る文にしなさい。（各1点）

① is / a song / this / like / I / which / .　　① This is a song **which** I like.
② a picture / is / this / Kumi / drew / .　　② This is a picture Kumi drew.
③ me / the teacher / like / you / tell / who / .　　③ Tell me the teacher **who** you like.
④ eat / let's / my mother / breakfast / made / which / .　　④ Let's eat breakfast **which** my mother made.
⑤ a cake / I / made / this / is / .　　⑤ This is a cake I made.

Self Check!!

☐ 関係代名詞の who / which は「どういう〜かというと」と訳すことがわかりましたか。

中学3年 すらすら英文法

関係代名詞⑤　所有格　　　　氏名

CanDo!

- [ ] **1** 所有格 whose の後には（　　）がくる。
- [ ] **2** 所有格 whose の訳し方は？

1　名詞
2　その～の…は

> This is a house **whose** door is green.
> これは家です　　　（名詞）
> その家のドアは　　緑色です
> ＝これはドアが緑色の家です。

Challenge!

1回目[　　]点　2回目[　　]点　3回目[　　]点

- [ ] **3** 次の文を前から日本語に訳しなさい。(各2点)

① Look at the cat **whose ears** are long.
② I have a dog **whose hair** is brown.
③ Maki is a teacher **whose car** is blue.
④ Please take me to the **house whose** roof is yellow.
⑤ Yasuo is a writer **whose books** are interesting.

① ネコを見てごらん。**そのネコの**耳は長い。(＝耳の長いネコを見てごらん)
② 私は犬を飼っています。**その犬の**毛は茶色です。(＝毛が茶色い犬を飼っています)
③ マキは先生です。**マキ先生の**車は青いです。(＝マキは青い車を持っている先生です)
④ あの家まで連れていってください。**その家の**屋根は黄色です。(＝黄色い屋根の家まで連れていって下さい)
⑤ 康夫は作家です。**その作家の**本はとても面白いです。

Self Check!!

- [ ] 関係代名詞の whose は「その～の…は」と訳すことがわかりましたか。

プラス1 次の語を並べ替えて，意味の通る文にしなさい。

① are / big / wants / Mai / whose / a dog / eyes / .
② at / is / the / boy / cap / look / red / whose / .

① Mai wants a dog **whose** eyes are big.
② Look at the boy **whose** cap is red.

Chapter 3 中学3年で身につけたい すらすら英文法

6 分詞の後置修飾を使った「すらすら英文法」

分詞の後置修飾で押さえたいことは次である。

❶ 前から訳し,「どういう～かというと」と補うとよい。
❷ 現在分詞,過去分詞の後置修飾は,「関係代名詞＋be動詞」を削除した形である。

そして,ここでは語順が理解できれば（＝「並べ替え」ができれば）よしとする。入試問題でも,整序作文が課されるので,ぜひできるようにしておきたい。

分詞の後置修飾の CanDo!

現在分詞の後置修飾

❶ 前から訳す

Look at the girl　　playing tennis　　over there.
女の子を見てごらん　テニスをしている　向こうで
　　　　　　　　　└ どういう女の子かというと

❷ ing のつけ方には4つのルールがある

- そのままつける。（例）play → playing
- e で終わっている単語は e を取って ing をつける。（例）make → making
- 最後の文字の1つ前が母音の時,最後の文字を重ねて ing をつける。
  （例）run → running　swim → swimming　sit → sitting
- ie で終わっている語は ie を y に変えて,ing をつける。
  （例）die → dying　lie → lying

過去分詞の後置修飾

❶ 前から訳す

I like to read books　　written　　by Higashino Keigo.
私は本を読むことが好きです　書かれた　東野圭吾によって
　　　　　　　　　└ どういう本かというと

すらすら英文法 中学3年

分詞の後置修飾① 現在分詞　　氏名

CanDo!

□ 1　前から訳してみよう。
　　Miki is the girl running in the park.
　　（①　　　）（③　　　　　　）
　　　　　　　②

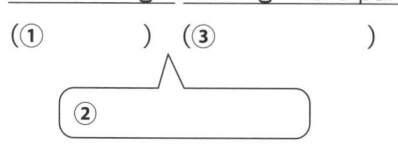

1　① ミキは女の子です
　② どういう女の子かというと
　③ 公園で走っている（女の子）

□ 2　動詞の ing のつけ方の4つのルールは？

2　① そのままつける。play → playing
　② e で終わっている単語は e を取って，ing をつける。make → making
　③ 最後の文字の1つ前がアイウエオ（母音）の時，最後の文字を重ねて ing をつける。
　　run → running　swim → swimming
　④ ie で終わっている単語は ie を y に変えて，ing をつける。
　　die → dying　lie → lying

Challenge!
1回目 [　　] 点　2回目 [　　] 点　3回目 [　　] 点

□ 3　次の語を並べ替えて，意味の通る文にしなさい。（各2点）

① Ken is / running / in the park /a boy / .
② water / the dog / drinking / is / Mai's / .
③ Yui is / a book / the girl / reading / .
④ do / you / the teacher / talking / know / with the boys / ?
⑤ Look at the boys / the tree / singing / a song / under / .

① Ken is a boy **running** in the park.
② The dog **drinking** water is Mai's.
③ Yui is the girl **reading** a book.
④ Do you know the teacher **talking** with the boys?
⑤ Look at the boys **singing** a song under the tree.

Self Check!!
□ 現在分詞の後置修飾の訳し方と語順がわかりましたか。

プラス1 次の文を日本語に訳しなさい。
① Look at the dog **running** in the park.
② The boy **making** a cake is Tom.

① 公園で走っている犬を見てごらん。
② ケーキを作っている男の子はトムです。

123

中学3年 すらすら英文法

分詞の後置修飾② 過去分詞　　氏名

CanDo!

□ 1　前から訳してみよう。

I read the book　written by Soseki.
（①　　　　）（③　　　　　　）
　　　　　　②

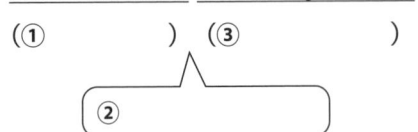

1　① 私は本を読みます
　② どういう本かというと
　③ 漱石によって書かれた（本）

Challenge!

1回目 [　　] 点　2回目 [　　] 点　3回目 [　　] 点

□ 2　次の文を前から日本語に訳しなさい。（各1点）

① Look at the door broken last night.
② This is a cake made by my mother.
③ My aunt Yuki has a picture drawn by Picasso.
④ I like the chocolate sold in Germany.
⑤ Is this a song sung by the Beatles?

① ドアを見てごらん。昨夜壊された
② これはケーキです。母によって作られた
③ 私の叔母のユキは絵を持っています。ピカソによって描かれた
④ 私はチョコが好きです。ドイツで売られている
⑤ これは歌ですか？ビートルズによって歌われた

□ 3　次の語を並べ替えて，意味の通る文にしなさい。（各1点）

① a book / this / written / is / by / Ann / .
② is / taken / in Canada / that / a picture / .
③ Kenji / in Africa / can / a language / spoken / speak / .
④ has / Yumi's father / made / in Italy / a watch / .
⑤ is / used / by / a car / my uncle / this / .

① This is a book **written** by Ann.
② That is a picture **taken** in Canada.
③ Kenji can speak a language **spoken** in Africa.
④ Yumi's father has a watch **made** in Italy.
⑤ This is a car **used** by my uncle.

Self Check!!

□ 過去分詞の後置修飾の訳し方と語順がわかりましたか。

中学3年 すらすら英文法

分詞の前置修飾　　氏名

CanDo!

☐ 1　関係代名詞と（　　　）を取ると分詞の後置修飾に変身するよ！

1　be動詞

> Ken is a boy **who is** singing there.
> Ken is a boy 　　　　singing there.

☐ 2　関係代名詞とbe動詞を取ったら，（①　　　）語しか残らない時は，前から修飾して，（②　　　）になる。

2　① 1　② 前置修飾

> That is a car **which was** <u>used</u>.
> ↓
> That is a used car.
> 　使われた車＝中古車

☐ 3　英語で言ってみよう。
① 寝ているネコ
② 箱の中で寝ているネコ
③ 壊された窓
④ トムによって壊された窓

3
① the sleeping cat
② the cat sleeping in the box
③ the broken window
④ the window broken by Tom

Challenge!

1回目 [　　] 点　2回目 [　　] 点　3回目 [　　] 点

☐ 4　次の語を並べ替えて，意味の通る文にしなさい。（各2点）
① sleeping / look / the / at / boy / .
② a / this / is / watch / broken / .
③ know / do / you / singing / the / teacher / ?
④ you / ever / a / have / climbing / cat / seen / ?
⑤ man / was / drunk / my / the / father / .

① Look at the **sleeping** boy.
② This is a **broken** watch.
③ Do you know the **singing** teacher?
④ Have you ever seen a **climbing** cat?
⑤ The **drunk** man was my father.

Self Check!!
☐ 現在分詞・過去分詞の前置修飾のしくみがわかりましたか。

125

7 間接疑問文を使った「すらすら英文法」

間接疑問文の原理は次の通りである。

> ❶ 疑問詞の次は主語＋動詞がくる。

これが基本となる。その上で，

> ❷ be 動詞がある時には，be 動詞と主語を入れ替える。
> ❸ do がある時は，do を消すだけ。
>   does がある時は，does を消して，動詞に s（es）をつける。
>   did がある時は，did を消して，動詞を過去形にする。

を押さえていきたい。

間接疑問文の CanDo!

❶ 間接疑問文では，疑問詞の次は主語＋動詞がくる
❷ be 動詞がある時は，be 動詞と主語を入れ替える

　　　　　What is this?　（これは何ですか）
　　　　　　↓　✕
　　Do you know what this is?　（これが何だかわかりますか）

❸ do がある時は，do を取るだけ

　　　　　What do you have?　（何を持っていますか）
　　　　　　　↓
　　Please tell me what　　you have.　（何を持っているか教えてください）

❹ does がある時は，does を取って，動詞に s（es）をつける

　　　　　Where does Ken live?　（ケンはどこに住んでいますか）
　　　　　　↓　　↓
　　I know where　　Ken lives.　（私はケンがどこに住んでいるか知っています）

中学3年 すらすら英文法

間接疑問文①　be動詞　　氏名

CanDo!

☐ **1** 間接疑問文は，疑問詞＋（①　　）＋（②　　）の語順になる。

1　① 主語　② 動詞

> What is this?
> Do you know what this is?
> 　　　　　　　疑問詞 主語 動詞
> （あなたはこれが何か知っていますか）

☐ **2** （　　）内を並べ替えなさい。

① I know (who / is / this).
② Do you know (whose pen / is / it)?
③ Please tell me (it / what time / is).

2
① I know **who this is**.
② Do you know **whose pen it is**?
③ Please tell me **what time it is**.

Challenge!

1回目 [　　] 点　2回目 [　　] 点　3回目 [　　] 点

☐ **3** 日本語に合うように，語を並べ替えなさい。（各2点）

① 私はあれが何だか知っています。
   (know / I / what / that / is / .)
② あなたはこれが何かわかりますか。
   (know / do / what / you / is / this / ?)
③ あなたはトムの出身地を知っていますか。
   (where / know / do / Tom / is / from / you / ?)
④ 私は彼がどのくらいの背の高さか知らない。
   (he / don't / I / tall / is / how / know / .)
⑤ 彼女の名前は何か教えてくれますか。
   (tell / can / me / what / is / name / you / her / ?)

① I know what that is.
② Do you know what this is?
③ Do you know where Tom is from?
④ I don't know how tall he is.
⑤ Can you tell me what her name is?

Self Check!!

☐ 間接疑問文では疑問詞の次は主語＋動詞の順番になることがわかりましたか。

中学3年 すらすら英文法

間接疑問文② 一般動詞　　氏名

CanDo!

☐ **1** 間接疑問文は，疑問詞＋（①　）＋（②　）の語順になる。

1 ① 主語　② 動詞

> What do you have?
>
> Tell me **what** **you** **have**.
> 　　　　疑問詞　主語　動詞
>
> （あなたが何を持っているか教えて！）

☐ **2** （　）内を並べ替えなさい。
① I don't know (Ken / what / reads).
② Tell me (you / study / when).
③ I know (you / like / what / color).

2
① I don't know what Ken reads.
② Tell me when you study.
③ I know what color you like.

Challenge!

1回目［　　　］点　2回目［　　　］点　3回目［　　　］点

☐ **3** 日本語に合うように，語を並べ替えなさい。（各2点）

① 私はあなたが何が好きか知っている。
　(know / I / what / like / you / .)

① I know what you like.

② 私はあなたが何を持っているか知らない。
　(know / don't / what / you / I / have / .)

② I don't know what you have.

③ あなたは私の名前を知っていますか。
　(know / do / name / you / what / my / is / ?)

③ Do you know what my name is?

④ いつテレビを見るか教えてね。
　(when / watch TV / me / tell / you / .)

④ Tell me when you watch TV.

⑤ 彼女がどこに住んでいるのか知っている？
　(you / where / lives / know / do / she / ?)

⑤ Do you know where she lives?

Self Check!!

☐ 間接疑問文では疑問詞の次は主語＋動詞の順番になることがわかりましたか。

中学3年 すらすら英文法

間接疑問文③　過去の文　　氏名

CanDo!

☐ 1　間接疑問文では，疑問詞の次の語順は（①　　）＋（②　　）になる。

1　① 主語　② 動詞

> What did Ken eat?
>
> I don't know **what**　　Ken ate.
> 　　　　　　疑問詞　　主語 動詞
>
> （ケンが何を食べたかは知らない）

☐ 2　次の（　　）内を並べ替えなさい。

2

① I know (you / where / visited).
② Do you know (what / ate / I)?
③ I knew (you / where / went).

① I know where you visited.
② Do you know what I ate?
③ I knew where you went.

Challenge!

1回目 [　　　] 点　2回目 [　　　] 点　3回目 [　　　] 点

☐ 3　日本語に合うように，語を並べ替えなさい。（各1点）

① 私はあなたが何を飲んだのか知っている。
　(you / know / I / what / drank /.)

① I know what you drank.

② 私は彼がどこに行ったのか知らない。
　(I / know / don't / where / he / went /.)

② I don't know where he went.

③ 彼が何と言ったのか私に教えて。
　(said / me / what / tell / he /.)

③ Tell me what he said.

④ ユキが昨日，何時に寝たか私は知らない。
　(what time / know / don't / Yuki / yesterday / went to bed / I /.)

④ I don't know what time Yuki went to bed yesterday.

⑤ 彼女がいつ日本を発ったのか知っている?
　(you / when / left / know / Japan / she / do / ?)

⑤ Do you know when she left Japan?

Self Check!!

☐ 間接疑問文では疑問詞の次は主語＋動詞の順番になることがわかりましたか。

Chapter 3 中学3年で身につけたい **すらすら英文法**

8 付加疑問文を使った「すらすら英文法」

付加疑問文で教えなくてはいけないことは次の通りである。

> 肯定文の時は，それを否定文にした時のものを使う。

これは，「これはあなたの本ですね」と言う時には，This **is** your book, **isn't** it? のように，否定文にしたものを使うということである。
また，その形式は，次の①②③④の4つを必要とする。

> <u>コンマ（,）</u> <u>否定文（isn't）</u> ＋ <u>代名詞（it）</u> ＋ <u>クエスチョン・マーク（?）</u>
> 　　①　　　　　②　　　　　　　③　　　　　　　　④

特に②と③をしっかり押さえていきたい。

付加疑問文の CanDo!

❶ be 動詞がある時
　It **is** a nice idea, **isn't** it?　（それはいい考えです**ね**）
　There **is** a park in this town, **isn't** there?　（この町に公園がありますよ**ね**）
　Mai **was** in Kyoto yesterday, **wasn't** she?　（マイは昨日京都にいたんだよ**ね**）

❷ 一般動詞
　〈現在〉You **play** tennis, **don't** you?　（あなたはテニスをします**ね**）
　　　　　Maki **likes** sushi, **doesn't** she?　（マキはすしが好きですよ**ね**）
　〈過去〉Your father **went** to Canada last year, **didn't** he?
　　　　　（あなたのお父さんは昨年カナダに行ったんだよ**ね**）

❸ 助動詞がある時
　Mr. Tanaka can play tennis, **can't** he?　（田中先生はテニスができますよ**ね**）
　You **will** watch TV tonight, **won't** you?　（今夜，君はテレビを見るよ**ね**）

❹ 否定文の時は，付加疑問の部分は肯定になる
　Hiroshi **hasn't** been to Nikko, **has he?**

中学3年 すらすら英文法

付加疑問文①　be動詞　　　氏名

CanDo!

☐ 1　付加疑問の形で,「～です（　　）」という意味になる。

1　ね

☐ 2　付加疑問の部分は，コンマをつけた後に，（①　　）＋（②　　）がきて，文の最後に（③　　）をつける。

2　① 否定文　② 代名詞
　③ クエスチョン・マーク（?）

> You are from Canada, **aren't you?**
> （あなたはカナダの出身です**ね**）

☐ 3　否定文では，付加疑問の部分が（　　）になる。

3　肯定

> Ken **is not** from Osaka, **is he**?
> （ケンは大阪の出身ではないです**ね**）

Challenge!

1回目［　　］点　2回目［　　］点　3回目［　　］点

☐ 4　（　　）に入る語を言いなさい。（各2点）

① 今日は晴れていますよね。
　It **is** sunny today, (　)(　)?

① isn't it

② これはあなたのカバンではないですよね。
　This **is not** your bag, (　)(　)?

② is it

③ 由紀子は先生でしたね。
　Yukiko **was** a teacher, (　)(　)?

③ wasn't she

④ ヒロシは頑張り屋ですよね。
　Hiroshi **is** hardworking, (　)(　)?

④ isn't he

⑤ 私たちはここにいましたよね。
　We **were** here, (　)(　)?

⑤ weren't we

Self Check!!

☐ be動詞の入った付加疑問文の作り方がわかりましたか。

中学3年 すらすら英文法

付加疑問文② 一般動詞　　氏名

CanDo!

☐ **1** be動詞がない時，過去なら（ ① ）を使う。また，現在で3単現なら（ ② ）を，IやYouなどの時は（ ③ ）を使う。

1 ① didn't　② doesn't　③ don't

〈過去〉
　You **studied** English, **didn't you?**
〈3人称単数現在〉
　Tom **plays** soccer, **doesn't he?**
〈1・2人称単数〉
　You like sushi, **don't you?**

☐ **2** 否定文では，付加疑問の部分が（　）になる

2 肯定

Sachiko **didn't** eat natto, **did she?**
（サチコは納豆を食べなかったですよね）

Challenge!

1回目[　　]点　2回目[　　]点　3回目[　　]点

☐ **3** （　）に入る語を言いなさい。（各2点）

① あなたは英語が話せますよね。
　You **speak** English, (　)(　)?
② ヨシコは大きな犬を飼っていますよね。
　Yoshiko **has** a big dog, (　)(　)?
③ あなたの兄は奈良に行きましたよね。
　Your brother **visited** Nara, (　)(　)?
④ 私たちはここで寿司を食べましたよね。
　We **ate** sushi here, (　)(　)?
⑤ タクは東京に住んでいませんよね。
　Taku **doesn't** live in Tokyo, (　)(　)?

① don't you
② doesn't she
③ didn't he
④ didn't we
⑤ does he

Self Check!!

☐ 一般動詞の入った付加疑問文の作り方がわかりましたか。

すらすら英文法

付加疑問文③ その他　　　氏名

CanDo!

□ 1　助動詞がある時は、(　　)を使う。
□ 2　現在完了の時は、(　　)を使う。

1　助動詞
2　have

〈助動詞〉
You **can** speak English, **can't** you?
Ken **must** cook, **mustn't** he?
Mai **will** go to Italy, **won't** she?
〈現在完了〉
You **have** eaten this, **haven't** you?
It **has** been sunny, **hasn't** it?

□ 3　否定文では、付加疑問の部分が(　　)になる。

3　肯定

Hiro **has never** seen it, **has** he?
（ヒロはそれを見たことがなかったですよね）

Challenge!　1回目[　　]点　2回目[　　]点　3回目[　　]点

□ 4　(　　)に入る語を言いなさい。(各2点)

① あなたはピアノが弾けますよね。
　You **can** play the piano, (　)(　)?
② マイは買い物にいくんでしょ。
　Mai **will** go shopping, (　)(　)?
③ ボブはここにいなくてはいけないですね。
　Bob **must** stay here, (　)(　)?
④ 君はその映画を見たことがあるんですね。
　You **have** seen the movie, (　)(　)?
⑤ あなたはこれを使ったことがありませんよね。
　You **have never** used it, (　)(　)?

① can't you
② won't she
③ mustn't he
④ haven't you
⑤ have you

Self Check!!

□ 付加疑問文の作り方がわかりましたか。

おわりに

　私は今までに,「英語ゲーム」や「英語パズル」「英文法の導入法」「英語授業にノセル技」「基礎基本」「高校入試力」「コミュニケーション能力を高める実践」「授業マネージメント」「アメリカンスクールの英語教育」などなど，多くの著書を残してきた。
　それらすべてがあっての"私"である。
　2005年に『中学英語！　訳読式授業からの挑戦』（明治図書）という本を出版した時は，驚かれた方もいた。
　コミュニカティブな授業の中にあって，ヤクドクシキ？
　そう思われた先生方も多数おられた（と聞く）。
　しかし，目の前の生徒がどうしたら英語がわかり，英語の力をつけることができるかということを日々実践した結果，どうしてもコミュニケーション一方向からの授業だけでは成り立たないことに気づいたのである。
　また，著書の副題は，『生徒の基礎学力を目指す手立て50』である。
　その頃の私は，定期テストでどうしても50点に達しない「50点以下の生徒」が気にかかり，どうしたら単語が書けるようになるのか，どうしたら英文が読めるようになるか，といった分野で研究する時期にきていたのである。
　その成果はその後，『中学英語50点以下の生徒に挑む』（明治図書）となり，そして昨年，『英語授業のユニバーサルデザイン　つまずきを支援する指導＆教材アイデア50』（明治図書）という本を出版することとなった。
　できない子に視点を当てた3つの点（著書）が，1本の線になった瞬間であった。
　この3冊はあわせてお読みいただけると，なぜ英語を苦手としているのかがご理解いただけるかと思う。
　そういう実践，それらすべてが私なのである。

　ある時，文法指導で「瀧沢先生は，こんな指導はしないでしょう」と言った先生がいた。
　そんなことはなく，私は文法のまとめも，ちゃんとする。
　板書して，目に見える形でまとめる。
　その後，簡単な問題をいくつか出して，理解を確かめることもする。
　さらに文法プリントに取り組む時間も取る。
　決してコミュニケーションだけではないのである。
　このことについては『中学英文法　定着テスト＆発展・補充ミニ教材集　中学1年編』（明治図書）の序章でも触れた。

さて，本書は明治図書の編集者である木山麻衣子さんと一緒に作った本と言える。当初は，ふつうの問題集のような形で，と考えていた。そこを「真ん中で折って，左側に問題，右側に答えがある形にならないでしょうか」と木山さんからのアドバイスをいただいた。

　そして，イメージがわかない私のもとに，1つの見本原稿が届き，一気に頭の中がスパークした！

　そうか！　こうすればいいのか。

　その後，約1か月。完成を夢にいだき，書き続けた。

　そして，本書のコンセプト「英文法の基礎を5分で理解（＝Can Do）」と「英文法の原理と語順をマスター（＝Challenge）」の2部構成が完成したのである。

　さて，大学4年生の時に向山洋一先生（TOSS代表）に出会ってから，私の英語教師としての修業がスタートした。その後，「教育技術の法則化運動」の中学英語で大分大学の柳井智彦氏，広島大学の築道和明氏，千葉県の大鐘雅勝氏，兵庫県の大北修一氏，島根県の川神正輝氏をはじめ，多くの先生方に可愛がってもらった。

　また，筑駒ネットワークからお世話になっている谷口幸夫氏には，現在も達セミで発表する機会を与えられ，また発表するたびに，実践が整理され，自分の仕事を見つめることができている。とても感謝している。谷口氏が主宰する英語セミナーは，全国で行われ，実践的なワークショップはどの講座も好評である。無料のメルマガも発行されているので，「達セミ」「メルマガ」で検索し，セミナー情報を得てほしい。

　本書を手にしてくださった先生方をはじめ，セミナーで出会う長年の読者の皆様には，本当に感謝でいっぱいである。多くの先生方からの励ましや賛同の声，また，「瀧沢先生の本はすべて持っています！」という先生方。人と人とのつながりを大変頼もしく，うれしく思う。

　最後になるが，明治図書の木山麻衣子さんには，私のわがままな提案を数々受けとめていただき，感謝している。私の頭の中で，どんどん新しいことが浮かんでは，それらを直球で投げかけさせてもらい，それが本書のような形となって世に出ることは大きな喜びである。

　最後の最後に。いつも執筆の時間を作ってくれている妻と2人の娘にありがとうの気持ちを表し，本書を閉じたいと思う。ありがとう。

2014年5月

瀧沢広人

【著者紹介】
瀧沢　広人（たきざわ　ひろと）
1966年，東京都東大和市生まれ。埼玉大学教育学部小学校課程卒業。秩父郡市内の中学校やホーチミン日本人学校を勤務後，現在は小鹿野町立小鹿野小学校に勤務。「楽しい授業」を目指して日々奮闘中。
〈主な著書〉
『目指せ！英語授業の達人22　教科書を200％活用する！　英語内容理解活動＆読解テスト55』
『目指せ！英語授業の達人21　英語授業のユニバーサルデザイン　つまずきを支援する指導＆教材アイデア50』
『授業をグーンと楽しくする英語教材シリーズ28　入試力をパワーアップする！　中学生のための英語基本単語検定ワーク』
『授業をグーンと楽しくする英語教材シリーズ27　文法別で入試力をぐんぐん鍛える！　中学生のための英作文ワーク』
『授業をグーンと楽しくする英語教材シリーズ25　1日5分で英会話の語彙力アップ！　中学生のためのすらすら英単語2000』（共著）
『授業をグーンと楽しくする英語教材シリーズ24　5分間トレーニングで英語力がぐんぐんアップ！　中学生のためのすらすら英会話100』
『授業をグーンと楽しくする英語教材シリーズ21　授業を100倍楽しくする！　英語学習パズル＆クイズ』
（いずれも明治図書）など。ジャパンライムからDVDも出ている。

【本文イラスト】木村　美穂

授業をグーンと楽しくする英語教材シリーズ㉙
Can Doで英語力がめきめきアップ！
中学生のためのすらすら英文法

2014年6月初版第1刷刊　Ⓒ著　者　瀧　沢　広　人
2019年11月初版第6刷刊　　　発行者　藤　原　久　雄
発行所　明治図書出版株式会社
http://www.meijitosho.co.jp
（企画）木山麻衣子　（校正）三浦江利子
〒114-0023　東京都北区滝野川7-46-1
振替00160-5-151318　電話03(5907)6702
ご注文窓口　電話03(5907)6668
＊検印省略　　　　　組版所　株式会社ライラック
教材部分以外の本書の無断コピーは，著作権・出版権にふれます。ご注意ください。
Printed in Japan　　　　　　　　ISBN978-4-18-132929-7